Auf Entdeckungstour an Strand und Küste

🎧 Entdecken und Experimentieren
🎧 Mit vielen Tipps für Junior-Forscher!

Bärbel Oftring

Mit Illustrationen von Thomas Müller

moses.

AUF ENTDECKERTOUR

Strandforscher im Einsatz

Nichts ist schöner als ein Tag am Strand! Die Felsküste und das Watt, der Sandstrand und die Dünen laden zu vielen Abenteuern ein. Dort wimmelt es nur so von Tieren: Möwen fliegen kreischend umher, Strandkrabben suchen eilig ein Versteck unter Felsüberhängen auf, Einsiedlerkrebse bleiben in den schönsten Schneckenhäusern regungslos liegen und Wattwürmer hinterlassen kleine Kothäufchen, die wie Spaghetti aussehen. Manche Tiere hast du vielleicht noch nie gesehen: Brandgans, Seeschwalbe, Papageitaucher, Basstölpel, Seepocke, Sandgarnele, Wellhornschnecke ... doch alle sind an unseren Küsten zu Hause. Nirgendwo kannst du so viel Natur erleben wie an Strand und Küste. Höchste Zeit für eine spannende Entdeckertour!
Viel Spaß dabei!

SCOUT TIPP!

Wenn im Text ein schwieriges Wort auftaucht, das du nicht kennst, schau im Glossar nach (Seite 94). Dort ist es erklärt.

Inhalt
Auf Entdeckungstour an Strand und Küste

Vorbereitungen für die Entdeckertour
Als Strandforscher unterwegs 4
Die Ausrüstung 6
Erlebnisse an Strand und Küste 9

Lebensraum Sandstrand und Dünen 10
Tiere am Sandstrand entdecken 14
Möwen 18
Die Brandgans 22
Der Einsiedlerkrebs 26
Die Wellhornschnecke 30
Quallen 34

Lebensraum Felsküste 38
Tiere an der Felsküste entdecken 42
Seevögel auf dem Vogelfelsen 46

Die Strandkrabbe 50
Die Seepocke 54
Seesterne 56
Seeigel 58
Der Gemeine Krake 60

Lebensraum Watt 64
Tiere im Watt 68
Der Seehund 72
Watvögel 76
Die Scholle 80
Die Nordsee-Sandgarnele 82
Der Schlickkrebs 85
Die Miesmuschel 86
Der Wattwurm 90

Glossar 94

Als Strandforscher unterwegs

An der Küste trifft das Meer auf das Land. Ständig rollen die Meereswellen heran, die Sand und Geröll wegschwemmen und an anderer Stelle wieder anspülen. Je nachdem, auf welches Gestein das Meer trifft, sieht die Küste anders aus. Es gibt Küstenabschnitte mit Sandstrand, andere sind felsig oder vom Wattenmeer bedeckt. In jedem dieser Lebensräume herrschen unterschiedliche Bedingungen, an die sich die Pflanzen und Tiere angepasst haben. Einige dieser Pflanzen und Tiere lernst du in diesem Buch kennen.

Die Gezeiten: Ebbe und Flut

Alle Küstenbereiche sind Lebensräume, die stark von den regelmäßig wechselnden Meerwasserhöhen bei Ebbe und Flut geprägt sind. Jede Ebbe und jede Flut dauert gewöhnlich etwas mehr als sechs Stunden. Bei Ebbe fallen viele Strandbereiche trocken und können nun leicht besucht werden. Dann bieten sich die Sandstrände, Wattflächen und felsigen Küsten für ausgedehnte Entdeckungstouren an. Bei Flut kommt das Meer wieder zurück und überspült Strand und Küste.

SCHON GEWUSST?

So entstehen Ebbe und Flut

Ebbe und Flut werden auch die Gezeiten oder Tiden genannt. Sie entstehen, weil sich der Mond um die Erde dreht. Dabei zieht der Mond die Wassermassen auf der Erde in seine Richtung.

Wie kommt das Salz ins Meer?

Meerwasser ist salzig. In einem Liter Meerwasser sind ungefähr 35 g Mineralsalze gelöst. Die Salze stammen aus den Gesteinen vom Land. Über Jahrmillionen hinweg hat sie der Regen aus ihnen herausgewaschen. Bäche und Flüsse haben die Salze dann ins Meer transportiert. Meerestiere und -pflanzen können nur im salzigen Meerwasser leben, im Süßwasser müssten sie sterben. Uns Menschen hingegen bekommt das salzige Meerwasser nicht, darum darfst du es nicht trinken. Dafür kannst du im Meerwasser leichter schwimmen als in einem See oder Schwimmbad. Durch die gelösten Salze ist das Wasser nämlich dichter und trägt dich besser.

Vorbereitungen für die Entdeckertour

Der Fischereihafen

Der Besuch eines kleinen Hafens, an dem Fischerboote anlegen, ist ein absolutes Muss. Wenn früh morgens die Fischer bei lautem Geschrei der Möwen anlegen, kannst du die Fische kennenlernen, die dort im Meer leben: Du findest Rochen, Schollen und andere Plattfische, Kabeljau, Sardinen und Makrelen. Manche Fischer bringen auch Garnelen, Krabben oder Tintenfische an Land. Oft sind die Fische und Meerestiere schon in Schalen nach Art und Größe sortiert. So können sie gleich in den Fischhallen an Händler und Restaurants verkauft werden.

SCHON GEWUSST?

So weit ist der Horizont entfernt

Wenn du dort stehst, wo das Wasser an den Strand anspült, ist der Horizont ungefähr 4 km entfernt. Vom Balkon im 3. Stock eines Strandhotels aus befindet sich der Horizont in fast 10 km Entfernung, von einer 50 m hohen Klippe auf Helgoland ist er sogar über 25 km weit weg.

Die Ausrüstung

Gut gerüstet auf Spurensuche

Am besten trägst du auf deinen Entdeckungstouren an Strand und Küste stets feste Schuhe, wie z. B. Turnschuhe, Gummistiefel oder feste Badeschuhe, in denen du guten Halt hast. Sie bieten dir Schutz an scharfkantigen oder rutschigen Felsen, sowie vor den Stacheln von Seeigeln. An regnerischen, kühlen oder windigen Tagen ziehe eine wetterfeste Regen- oder Windjacke an, damit du nicht frierst. Günstig sind Jacken mit vielen Taschen, in denen du deine Fundstücke aufbewahren kannst. Mit einer Sonnenmütze oder einem Sonnenhut und Sonnenschutzmittel schützt du deine Haut vor den gefährlichen UV-Strahlen der Sonne. Fast immer weht nämlich an der Küste ein leichter Wind, weswegen du die heißen Sonnenstrahlen nicht spürst. Vergiss Badehose oder Badeanzug nicht!

Draußen unterwegs zu sein, macht durstig und hungrig: Nimm deswegen etwas zu trinken (bei kaltem Wetter einen warmen Tee) und etwas zu essen mit. Es wäre doch schade, wenn du deine Forschertour vorzeitig abbrechen müsstest, nur weil dich Hunger oder Durst quälen!

Vorbereitungen für die Entdeckertour

SCHON GEWUSST?

Gehe nie allein auf eine Entdeckungstour!

Bevor du mit Freunden oder Eltern losgehst, solltest du dich auf einer Gezeitentafel informieren, zu welcher Uhrzeit du mit Ebbe (Niedrigwasser) und Flut (Hochwasser) rechnen musst. Das ist besonders wichtig bei Touren im Watt, denn dort kann dich das Hochwasser überraschen (siehe Seite 66).

Checkliste für Strandforscher

Das brauchst du, wenn du auf Entdeckungstouren an Strand und Küste gehst:

- leichter Rucksack
- Kescher, Eimer (am besten einen durchsichtigen), Becherlupe zum Fangen und Beobachten von Tieren
- Schaufel, mit der du Tiere im Sand und Watt ausgraben kannst (doch Vorsicht: Töte sie nicht!)
- Plastikdosen und Plastikbeutel für gefundene Strandschätze wie leere Muschelschalen, Seeigelgehäuse, Steine oder Federn
- Notizbuch mit Blei- und Farbstiften, in das du deine Funde und Beobachtungen einträgst
- dieses Buch, in dem du Namen von Tieren und Pflanzen am Strand nachschlagen kannst
- ein wenig Verbandmaterial wie Heftpflaster und Desinfektionsmittel, falls du dich verletzt
- eine Trillerpfeife für den Notfall

In die Ferne schauen

Nimm auf deine Wanderungen und Erkundungstouren an Strand und Küste immer ein gutes Fernglas mit. Mit ihm kannst du Seehunde auf den Sandbänken, Möwen und andere Vögel beobachten oder Schiffe am Horizont entdecken.

Tiere richtig beobachten

Wenn du Tiere in einer Becherlupe oder einem Eimer beobachten möchtest, denke daran, dass sich der Inhalt des Gefäßes an einem sonnigen Tag rasch aufwärmt. Stell das Gefäß deshalb zum Beobachten immer in den Schatten. Im Wasser lebende Tiere brauchen während der Beobachtung unbedingt Wasser zum Atmen. Verwende für die Meerestiere stets Meerwasser, denn Süß-wasser vertragen sie nicht. Und lass die Tiere rasch wieder frei, sie sollten nicht länger als fünf Minuten in ihrem „Gefängnis" bleiben. Setze Tiere immer wieder dorthin zurück, wo du sie gefunden hast.

Aufgepasst!

Wenn du Tiere anfassen möchtest, berühre sie vorsichtig. Du darfst sie nicht verletzen oder gar töten. Außerdem können manche Tiere auch dich verletzen, dich stechen oder beißen. Andere geben bei Gefahr – und in der wähnen sie sich, wenn sie einem Menschen, der ja so viel größer ist als sie, begegnen – giftige oder stinkende Sekrete ab.

Vorbereitungen für die Entdeckertour

Erlebnisse an Strand und Küste

Auf einer Wanderung am Strand kannst du die Schätze des Meeres sammeln. Jeder Sturm spült nämlich unzählige Algen und Tange, leere Muschelschalen und Schneckengehäuse, Schalen von Seeigeln und Seesternen, Scheren und Panzer von Krebsen und Krabben, kalkige Schulpe von Tintenfischen und Eigelege von Schnecken, Fischen und Tintenfischen an Land. Schau dir die angeschwemmten Teile von Fischernetzen, Holz und Korkstücken, Flaschen und alles, was sonst noch am Strand landet, näher an. Manchmal sitzen Seepocken darauf oder Treibholz ist von Bohrmuscheln durchlöchert. Aus den Meeresschätzen kannst du auch viele schöne Sachen basteln.

SCOUT TIPP!

Auf Spurensuche am Strand

Vögel, Schnecken und Krebse hinterlassen ihre Laufspuren im weichen Strandboden. Vielleicht findest du heraus, welches Tier sich hinter jeder Spur verbirgt.

Lebensraum Sandstrand und Dünen

Sandige Küstenabschnitte sind meist flach. An manchen Stränden ist der Sand ganz fein, an anderen besteht er aus groben Sandkörnern, kleinen oder großen Kieselsteinen. Dort, wo der Sand fein ist, bilden sich oft wie in einer Wüste hohe Dünen hinter dem Strand. Der Wind weht den feinen Sand vom Strand zu Hügeln zusammen, die immer höher werden. Auf den Dünen wachsen Strandweizen, Strandhafer, Strandroggen und andere Dünengräser. Mit ihren Wurzeln halten sie den Sand fest, so dass er nicht mehr verweht werden kann. Dann können sich dort auch Wildblumen und kleine Sträucher ansiedeln.

SCHON GEWUSST?

Wie ein Sandstrand entsteht

Jede Flut spült Sand an den Strand, der dort liegen bleibt. Bei heftigen Sturmfluten hingegen kann das Meer sich auch wieder den Sand zurückholen. Je nachdem, aus welchem Gestein der Sand besteht, sind manche Strände hell wie an Nord- und Ostsee oder fast schwarz wie auf den Kanarischen Inseln.

Erlebnisse am Sandstrand

Sommer, Sonne und Ferien am Strand – das klingt nach Abenteuer. Viele spannende Erlebnisse kannst du dort haben. Weil es am Meer ständig windig ist, lass am Strand einen Drachen steigen. Mit einem Lenkdrachen gelingen dir vielleicht sogar einige akrobatische Manöver. An manchen Stränden kannst du dreirädrige Strandsegler mieten und im rasanten Tempo über den Sand düsen. An anderen Stränden gibt es Pferde, auf deren Rücken du durchs flache Wasser reiten kannst. Das Wasser selbst lädt zu vielerlei Sportarten ein: Schnorcheln mit Tauchermaske, Flossen und Schnorchel, Tauchen, Wellenreiten, Windsurfen und Segeln. Und wenn du dich von deinen Entdeckungstouren erholen willst, kannst du im Wasser plantschen oder die größte Sandburg mit Wassergraben bauen.

Bei Grün darfst du ins Wasser!

Weil es an manchen Sandstränden gefährliche Meeresströmungen gibt, die dich auf das Meer hinausziehen können, darfst du nur dort baden, wo es erlaubt ist. An Badestränden weht meist eine Flagge. Beachte ihre Farbe, denn sie zeigt dir, ob du ins Wasser gehen darfst oder draußen bleiben musst.

Grüne Flagge: Baden erlaubt!
Gelbe Flagge: Aufgepasst, hohe Wellen!
Rote Flagge: Baden verboten!
Lila Flagge: Baden verboten, weil das Meer verschmutzt ist!

Mein kleines Meeresmuseum

Am Sandstrand findest du Muschelschalen, Schneckenhäuser, Tintenfischschulpe und viele andere Schätze aus dem Meer. Diese kannst du aufsammeln und in einem kleinen Meeresmuseum ausstellen – am besten dort, wo das Wasser bei der nächsten Flut nicht hinkommt. Halte ruhig bei jeder Ebbe nach weiteren Schätzen Ausschau, denn jede Flut schwemmt neue an Land.

Lebensraum Sandstrand und Dünen

Ein paar wichtige Regeln für Strandforscher

Selbst wenn du noch so begeistert auf deiner Entdeckungstour bist, musst du stets ein paar Spielregeln beachten:

1. Küstenbereiche mit gefährlichen Strömungen oder hohen Wellen musst du meiden!
2. Gehe niemals allein (siehe Seite 7) und sage deinen Eltern Bescheid, wo ihr euch aufhaltet.
3. Achte auf die Gezeiten, damit dich die Flut nicht überraschen kann.
4. Benutze nur bei Not die Trillerpfeife!
5. Scheuche keine Tiere auf! Nimm Rücksicht!
6. Störe keine Tiere bei der Brut und Aufzucht von Jungen.
7. Bewege dich achtsam durch die Natur und zerstöre nichts.
8. Hinterlasse in der Natur keinen Abfall. Müll gehört in den Mülleimer.
9. Fasse keinen Tierkot und keinen Kadaver an.
10. Dünen sind empfindliche Lebensräume und ein natürlicher Schutz vor Sturmfluten und Hochwasser. Deshalb darfst du sie nicht betreten.

Tiere am Sandstrand entdecken

Ein Sandstrand sieht so ähnlich wie eine Wüste aus. Unter Wasser schieben die Wellen den Sand am Meeresboden ständig hin und her, über Wasser werden die feinen Sandkörnchen vom Wind weggeweht. Klar, dass sich in solch einem bewegten Lebensraum keine Wasserpflanzen und nicht so viele Tiere ansiedeln können wie an der versteckreichen Felsenküste mit hartem Boden. Dafür werden die meisten Schätze aus dem Meer an den Sandstrand angespült, wo du sie ausgiebig betrachten kannst. Leere Muschelschalen und Schneckenhäuser, Gehäuse von Seeigeln, Seesterne oder Dreikantwürmer, Eiballen der Wellhornschnecke, Eikapseln von Rochen und Katzenhaien oder Tintenfischschulpe kannst du sorglos anfassen. Bei angespülten Quallen sei vorsichtig: Unter ihnen gibt es auch giftige!

Tiere in angespülten Tangen und Algen

Bei Ebbe (Niedrigwasser) kannst du erkennen, bis wohin das Wasser während der letzten Flut gestiegen ist. Dort zieht sich ein langer Streifen aus angeschwemmten Tangen und Algen parallel zur Wasserlinie entlang. Das ist der Spülsaum. Lauf diesen Streifen ab und schau nach, welche Schätze sich in diesem Pflanzenmaterial verbergen. Dazu kannst du die Pflanzen auseinanderziehen; sei dabei aber vorsichtig, denn darin könnten sich scharfe Glasscherben oder spitze Stacheln befinden. Die Lage des Spülsaums verändert sich mit jeder Flut. Mal liegt sie höher am Strand, mal tiefer. Deshalb kannst du an großen Sandstränden manchmal auch mehrere Spülsäume entdecken, die unterschiedlich alt sind.

SCHON GEWUSST?

Weitspringer am Strand

Wenn du die angeschwemmten Pflanzen im Spülsaum beiseite schiebst oder ein angespültes Treibholz hochhebst, springen dir manchmal kleine, etwa 1,5-2 cm lange Tiere entgegen. Das sind Sandhüpfer und Strandflöhe, die zu den Flohkrebsen gehören. Sie beißen oder stechen nicht. Tagsüber verbergen sie sich in den feuchten Tangbüscheln, unter Holzstücken oder im Sandboden. Nachts kommen sie heraus und suchen den Strand nach abgestorbenen Pflanzen- oder Tierteilen und Algenresten ab, von denen sie sich ernähren.

Lebensraum Sandstrand und Dünen

Entdeckungstour Spuren im Sand

Am frühen Morgen kannst du die meisten Spuren von Tieren am Strand entdecken:

- Fußspuren mit Schwimmhäuten stammen oft von Möwen, Brandgänsen, Seeschwalben oder Wasservögeln wie Gänsesäger, Eider-, Pfeif-, Trauer- und anderen Enten.
- Fußspuren mit drei langen Krallen hingegen werden von Watvögeln wie Austernfischer, Regenpfeifer oder Strandläufer hinterlassen.
- Im Sand der Dünen kannst du auch die Laufspuren von Wildkaninchen finden, die sich dort tiefe Baue graben.
- Im feuchten Sand eilen Strandschnecken im Schneckentempo umher und ziehen dabei lange Schleifspuren in den weichen Untergrund.

Brandgans

Möwe

Seeschwalbe

Jungvögel am Strand

Im Sommer verwandeln sich manche Strandabschnitte in eine Kinderstube, in der es nur so von brütenden Vögeln und Jungen wimmelt. Der Sandregenpfeifer brütet dort am Sandstrand, wo es auch kleinere und größere Kiesel und Geröll gibt. Seine bräunlichen Jungen sind gut getarnt und fallen kaum zwischen den Steinen auf. So sind sie gut vor feindlichen Möwen geschützt.

In den Dünen haben unzählige Herings- und Silbermöwen kleine Sandmulden besetzt. Möwen brüten oft in großen Kolonien. Wenn die Jungen geschlüpft sind, haben die Vogeleltern viel zu tun: Pausenlos fliegen sie zum Meer, um Fische, Muscheln und Krebse für ihren hungrigen Nachwuchs zu erbeuten. Unter den Tausenden von piepsenden Jungvögeln erkennen sie ihr eigenes Küken an der Stimme. Manchmal mischen sich auch Eiderenten unter die Möwenkolonien. Die Mutter führt die frisch geschlüpften Entenküken aufs Meer hinaus. Dort taucht sie bis zu 50 m tief nach Muscheln, am liebsten nach Miesmuscheln.

Nach einem Nest der Brandgans hingegen wirst du vergeblich suchen: Sie brütet nämlich ganz allein in einem unterirdischen Bau in den Dünen.

Federn über Federn

Im Spätsommer ist Mauserzeit bei vielen Vögeln. Sie verlieren ihre alten Federn, die durch neue ersetzt werden. Dann kannst du viele Federn am Strand finden. Große hellgraue Federn mit schwarzen Spitzen stammen von der Silbermöwe, während die der Heringsmöwe schiefergrau bis fast schwarz sind. Die Federn der Brandgans sind weiß mit rotbraunen oder grünblauen Bereichen.

Lebensraum Sandstrand und Dünen

Bleib auf den angelegten Fußwegen!

Die hinter dem Sandstrand gelegenen Dünen sind empfindliche Lebensräume. Ein Tritt auf eine frische Düne genügt und der Wind kann den Sand wieder wegblasen. Dann brauchen die Pflanzen weitere Monate, wenn nicht Jahre, um an dieser Stelle zu wurzeln und die Düne befestigen zu können. Durch viele Dünenlandschaften verlaufen aber fest angelegte Fußwege, manche sogar auf Holzplanken. Verlasse diese Wege nicht. Nimm ein Fernglas mit, dann kannst du dort im Sommer die Jungvögel von Möwen und anderen Küstenvögeln beobachten.

Bunte Schmetterlinge

Dort, wo in den Dünen Wildblumen und kleine Sträucher wachsen, flattern im Sommer blau gefärbte Bläulinge und grüne Brombeer-Zipfelfalter von Blüte zu Blüte. Vielleicht entdeckst du ja auch einen grünen Sandlaufkäfer, der auf dem sandigen Boden Jagd auf Spinnen und Insekten macht.

Entdeckungstour nachts am Strand

Das darfst du dir nicht entgehen lassen: Begib dich im Hochsommer nachts zusammen mit deinen Eltern dorthin an den Strand, wo der Sand noch völlig vom Meerwasser durchnässt ist. Der Mond sollte nicht scheinen. Mach die Taschenlampe aus, damit sich deine Augen an die Dunkelheit gewöhnen. Mach nun ein paar kleine Sprünge und schau auf den Sand, wenn du gelandet bist. Oft leuchten im festen, feuchten Sand kleine Lichtpunkte auf. Das sind winzig kleine Algen, die leuchten können.

Möwen

Möwen

Möwen gehören zu den Vögeln, die du am Meer als Erstes siehst. Sie kommen oft in Massen vor und erfüllen die Luft mit ihren lauten Rufen, die kilometerweit zu hören sind. Die meisten Möwen haben keine Scheu vor dem Menschen und treiben sich zu vielen dort herum, wo es genügend Nahrung gibt. Neben Fischen, Muscheln, Krebsen, Schnecken, Seesternen, Würmern und Aas fressen sie auch menschliche Abfälle, über Bord geworfene Fische oder rauben in den Strandcafés Gebäck und Kuchen von den Tellern. Fischerboote, die aufs Meer fahren oder mit vollen Netzen im Hafen anlegen, werden rasch von hunderten von Möwen umkreist: Es könnte ja etwas Fressbares für diese immer hungrigen Allesfresser abfallen. Möwen jagen gern auch anderen Vögeln ihre Nahrung ab oder klauen Eier und Junge aus den Nestern.

> **SCHON GEWUSST?**
>
> **Woran du eine junge Möwe erkennst**
>
> Die meisten Möwen tragen als erwachsene Vögel ein weißes Federkleid, das an manchen Stellen mehr oder weniger schwarz gefärbt ist. Junge Möwen hingegen besitzen in den ersten Lebensjahren ein bräunliches Gefieder. Nach jeder Mauser kommen mehr weiße Federn hinzu, bis aus der jungen Möwe im Alter von drei bis vier Jahren eine weiße ausgewachsene Möwe geworden ist.

Speiballen von Möwen

Möwen schlingen nicht nur Fische, sondern auch Muscheln und kleine Krebse im Ganzen herunter. Die kräftigen Muskeln im Magen zerquetschen die harten Schalen und Panzer, so dass die Magensäfte das Fleisch verdauen können. Die harten und unverdaulichen Essensreste würgen die Möwen in einem wurstähnlichen Speiballen heraus. Wenn du so einen Speiballen am Strand entdeckst, siehst du, was die Möwe zuvor gefressen hat. Manchmal enthalten Speiballen auch die Samen von Krähenbeeren oder Getreidehülsen.

Die häufigste Möwe: die Silbermöwe

Die Silbermöwe ist die häufigste Möwe an unseren Küsten. Sie ist etwa so groß wie ein Bussard und hat schwarze Flügelspitzen. Oft bilden viele tausend Brutpaare eine große Kolonie, in der sie zusammen mit Heringsmöwen und Küstenseeschwalben in den Dünen brütet, in manchen Küstenstädtchen auch auf den Dächern größerer Gebäude. Hat sich ein Pärchen gefunden, bleibt es oft viele Jahrzehnte beisammen. Silbermöwen können nämlich über 30 Jahre alt werden. Im Winter ziehen manche Silbermöwen auch ins Landesinnere, wo sie Müllplätze bevölkern.

> **SCHON GEWUSST?**
>
> **Streitlustige Eltern**
>
> Die größten Brutkolonien der Silbermöwe bestehen aus über 30.000 Paaren! Brütende Silbermöwen sind sehr streitlustig. Sie greifen jeden im Sturzflug oder mit heftigen Schnabelhieben an, der ihren drei Eiern zu nahe kommt. Nach vier Wochen schlüpfen die Küken.

Möwen

Am liebsten Fisch: die Heringsmöwe

Die Flügel der etwas kleineren Heringsmöwe sind sehr dunkel. Anders als bei der allesfressenden Silbermöwe stehen auf dem Speiseplan der Heringsmöwe fast nur Fische. Sie folgt den Fischkuttern bis zu 100 km weit aufs Meer hinaus, in der Hoffnung auf Fische oder andere Meerestiere, die von den Fischern über Bord geworfen werden. Im Winter zieht die Heringsmöwe nach Westafrika, sie ist nämlich ein Zugvogel, der nur bei uns brütet.

Auch auf den Feldern zu Hause: die Sturmmöwe

Das ganze Jahr über kannst du die etwa taubengroße Sturmmöwe am Strand beobachten. Sturmmöwen halten sich gern in Menschennähe auf. Früher waren sie reine Küstenvögel, heutzutage hingegen fliegen sie auch weit ins Land hinein. Dort lassen sie sich an Tümpeln und Seen und auf Müllplätzen nieder. Sie schreiten auch gern über die Felder und fressen Regenwürmer, ja sogar Feldmäuse. An vielen Orten werden die Eier und Küken der Sturmmöwe von Füchsen, Mardern und Bisamratten gefressen.

SCHON GEWUSST?

Kopf voraus ins Meer hinein

Heringsmöwen holen sich Fische auch direkt aus dem Meer: Kopf voraus und mit eng anliegenden Flügeln schießen sie aus großer Höhe ins Wasser. Das nennt man Stoßtauchen.

Sturmmöwe

Lebensraum Sandstrand und Dünen

Die kleinste Möwe: die Lachmöwe

Die Lachmöwe verdankt ihren Namen nicht ihren lachenden Rufen, sondern der Tatsache, dass sie häufig an Lachen (das sind kleine Seen im Schilf) und Moortümpeln brütet. Unter den Möwen ist sie die kleinste Art. Im Sommer erkennst du sie an dem schokoladenbraunen Kopf, im Winter an dem grauen Fleck hinter den Ohren des weißen Kopfgefieders. Lachmöwen brüten in dichten Kolonien. Manchmal bauen sie ihre Nester so eng beieinander, dass es laufend Streit zwischen den Nachbarn gibt. Sie gehören auch zu den ersten Möwenarten, die einst die Küste verließen und weit ins Landesinnere zogen. Dort folgen große Scharen gern pflügenden Traktoren, um an die frei gelegten Regenwürmer, Insektenlarven und Mäuse zu gelangen.

SCOUT TIPP!

Möwen füttern!

Möchtest du die Flugkünste der Möwen sehen, dann wirf kleine Brotstückchen in die Luft. Die Möwen fangen sie dann im Flug auf. So kannst du beobachten, wie geschickt diese Vögel fliegen.

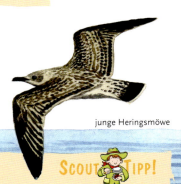

junge Heringsmöwe

SCOUT TIPP!

Im Winter am See und Teich

Besonders im Winter kannst du an Seen und Teichen beobachten, dass sich Lachmöwen unter die Enten und Schwäne mischen. Oft jagen sie diesen dann ausgeworfene Brotstücke ab. Lachmöwen fressen auch Raupen von Schmetterlingen und Kartoffelkäfer.

Die Brandgans

Die Brandgans kommt häufig an den Sandstränden der Nord- und Ostsee vor. Dort lebt sie das ganze Jahr über. Die Brandgans wird auch Brandente genannt, weil sie wie eine Ente aussieht. Männchen und Weibchen sind gleich gefärbt, aber das Männchen ist größer und trägt zudem während der Brutzeit einen Höcker am Schnabel.

Brandgans auf Nahrungssuche

Mit ihrem breiten Löffelschnabel durchsucht die Brandgans das seichte Wasser und den Schlick nach kleinen Beutetieren. Im tieferen Wasser gründelt sie nach der typischen Art der Schwimmenten „Köpfchen unters Wasser, Schwänzchen in die Höh'".

Sommer ist Brutzeit

Brandgänse brüten nicht wie die Möwen auf offenem Gelände. Weil ihr Gefieder so bunt ist, würden sie dort zu sehr auffallen. Darum legen sie ihr Nest aus Federn und weichen Pflanzenteilen im Schutz eines dichten Gebüschs, ausgespülter Höhlen in Gewässernähe oder in einem Kaninchenbau an. Rund 30 Tage lang brütet das Weibchen seine sieben bis zwölf Eier aus. Nur für höchstens eine Stunde am Tag verlässt es sein Nest. Dann eilt es ins flache Wasser, um ein paar Würmer, kleine Krebse, Schnecken oder Herzmuscheln zu erbeuten.

Das Männchen hält sich während der ganzen Brutzeit in der Nähe des Höhleneingangs auf. Es bewacht die Höhle und vertreibt Kaninchen, die ihren Bau zurückerobern möchten. Das gelingt ihnen aber nur dann, wenn die Brandganseltern unaufmerksam sind.

Lebensraum Sandstrand und Dünen

Auf einen Blick

Größe: rund 60 cm lang
Aussehen: bunte Gans mit rotem Schnabel, grünem Kopf, brauner Brust und weiß-grün-schwarzen Flügeln
Nahrung: Würmer, kleine Krebse, Schnecken, Muscheln
Typisch: Weibchen brütet oft unterirdisch im Kaninchenbau

Entdeckungstour Brandgans-Familie

SCOUT TIPP!

Ab Anfang Juni kannst du Brandgänse mit ihren schwarz-weiß gemusterten Jungen am Strand beobachten. Denn die Küken verlassen sofort nach dem Schlüpfen mit ihren Eltern die Höhle. Der kleinen Familie steht nun ein gefährlicher Weg bevor: So schnell wie möglich eilen sie von den Dünen zum Meer. Überall lauern gefräßige Möwen, die es auf die wehrlosen Kleinen abgesehen haben. Erst im Wasser sind die Küken sicher. Dort tauchen sie bei Gefahr einfach unter.

Die Brandgans

SCHON GEWUSST?

Küken im Kindergarten

Im Wasser treffen sich viele Familien der Brandgans. Während die Eltern ausgiebig auf Nahrungssuche gehen, bleiben die Küken wie in einem schwimmenden Kindergarten beisammen. So verbringen sie viele Stunden ohne Eltern und suchen sich selbst tauchend ihre Nahrung. Wenn die Küken das Wasser verlassen, drängen sie sich am Ufer dicht beisammen. So schützen sie sich vor der Kälte.

Nach der Brutzeit kommt die Mauser

Wenn die Jungen groß genug sind, wandern die Brandgänse zusammen mit tausenden von Artgenossen zu geschützten Mauserplätzen an der Küste. Diese Plätze liegen oft im Wattenmeer. Dort wechseln sie zwischen Juli und September ihr Gefieder und können dann kurze Zeit lang nicht fliegen. Sie trampeln große Kuhlen in den weichen Untergrund und fressen die Muscheln und Würmer, die sie freigelegt haben. In dieser Zeit werden viele Federn von der Flut an den Strand geschwemmt und du hast die besten Chancen, eine dieser bunten Federn zu finden.

Wildkaninchen in den Dünen

In manchen Dünengebieten leben tatsächlich viele Wildkaninchen. Diese putzigen Tiere stammen ursprünglich aus Spanien, doch mittlerweile haben sie sich auch bei uns ausgebreitet. Meist wirst du nur ihre Fußspuren oder ihre kleinen Kotbällchen finden, denn sie sind recht scheu. Kaninchen fressen frische Pflanzen, im Winter nagen sie auch Büsche an. Weil es in den Dünen kaum Füchse oder Wiesel gibt, können sie sich dort stark vermehren. Mit ihren tiefen Wohnröhren und Gängen beschädigen Kaninchen die Dünen, bieten aber den Brandgänsen geschützte Höhlen zum Brüten. Kaninchenkot liefert den Pflanzen auf den Dünen wertvolle Nährstoffe.

Der Einsiedlerkrebs

Der Einsiedlerkrebs

Wenn dir ein Schneckengehäuse begegnet, aus dessen Öffnung Beine herausschauen, so hast du einen Einsiedlerkrebs entdeckt. Meist bewohnen sie die schönsten, glänzenden Schneckenhäuschen am Strand. Bei drohender Gefahr ziehen sich diese Krebse ganz in das Gehäuse zurück. Dann verschließen die beiden Scheren die Öffnung. Fühlen sich Einsiedlerkrebse aber ungestört, so strecken sie ihren Kopf mit den Scheren und ihre Beine aus dem Gehäuse heraus und machen sich von dannen.

Schneckenhäuschen in Eile

Schneckenhäuschen, die sich ganz schnell fortbewegen oder in deiner Sammlung plötzlich davonlaufen, sind das Zuhause eines Einsiedlerkrebses. Normalerweise schieben sich Schnecken nämlich ganz langsam auf ihrer Kriechsohle vorwärts. Einsiedlerkrebse hingegen besitzen zwei Paar Laufbeine, mit denen sie rasch laufen können.

SCHON GEWUSST?

Nie ohne Schneckenhaus

Einsiedlerkrebse kommen nie ohne Gehäuse vor. Sie besitzen nämlich einen weichen, ungepanzerten Hinterleib, der ungeschützt ein begehrtes Fressen von Möwen und anderen Vögeln wäre. Wenn der Krebs größer wird, muss er allerdings in ein größeres Schneckenhaus umziehen. Das ist ein gefährlicher Moment im Leben des Einsiedlerkrebses. Lange sucht er im Wasser ein größeres Gehäuse. Das ist nicht so einfach. Der kleine Krebs begutachtet viele Häuschen mit seinen langen Fühlern, dreht und wendet sie hin und her, bis er sich endlich für eines entschieden hat. Dieses neue Haus seiner Wahl zieht er in ein geschütztes Versteck. Dort windet er langsam seinen weichen Hinterleib aus dem alten Schneckenhaus heraus und steckt ihn blitzschnell rückwärts in das neue. Sein Hinterleib füllt die Windungen des Gehäuses aus. Mit einigen borstigen Beinchen, die sich rund um den Hinterleib und an dessen Ende befinden, hält er sich fest.

Lebensraum Sandstrand und Dünen

Auf einen Blick

Größe: bis zu 10 cm lang
Aussehen: Krebstier mit zwei Scheren und weichem Hinterleib
Nahrung: kleine Würmer, Schnecken, Muscheln, auch Aas
Typisch: wohnt in einem Schneckenhäuschen, das seinen empfindlichen Hinterleib schützt

Das Leben retten

Wenn du weit vom Wasser entfernt einen Einsiedlerkrebs entdeckst, so bringe ihn zum Wasser zurück. Er kann zwar eine Weile außerhalb des Wassers überleben, trägt ihn aber die Flut zu weit auf den Strand hinauf, schafft er es besonders an heißen, sonnigen Tagen manchmal nicht ins Wasser zurück und muss in der Hitze vertrocknen.

Der Einsiedlerkrebs

In bester Gesellschaft

Manche Einsiedlerkrebse siedeln eine Seeanemone, eine Seenelke oder eine Pferderose auf ihrem Schneckenhaus an. Das sind keine Pflanzen, sondern Tiere, die mit den Quallen verwandt sind. Sie alle besitzen giftige Nesselzellen, mit denen sie den Krebs schützen. Dafür dürfen sie an den Mahlzeiten des Einsiedlerkrebses teilhaben. Wenn der Krebs umzieht, pflanzt er auch seine Beschützerin auf sein neues Heim.

Andere Schneckengehäuse, in denen Einsiedlerkrebse wohnen, haben oft einen stacheligen Überzug. Das sind kleine Seepocken oder Kolonien kleiner Stachelpolypen, Verwandte der Seeanemone. Während die Seepocken den Krebs als Taxi benutzen, hat der Krebs von den Stachelpolypen neben dem Schutz vor Feinden durch deren giftige Nesselzellen noch einen weiteren Vorteil: Er muss nicht so schnell umziehen. Die Stachelpolypen vergrößern das Gehäuse, indem sie dessen Vorderrand weiter ausbauen.

> **SCHON GEWUSST?**
>
> **Modernes Zuhause**
>
> Es wurden auch schon Einsiedlerkrebse gefunden, die in kleinen Plastikbehältern wohnten.

Lebensraum Sandstrand und Dünen

Einen Umzug beobachten

Im Laufe seines Lebens zieht ein Einsiedlerkrebs mehrmals um. Zunächst bewohnt er die kleinen Gehäuse von Strand- und Pantoffelschnecken. Wenn er erwachsen ist, lebt er meist in den hühnereigroßen Gehäusen der Wellhornschnecke.

In manchen Meerwasseraquarien werden auch Einsiedlerkrebse gehalten. Vielleicht hast du ja Glück und kannst beobachten, wie der kleine Krebs in ein neues Häuschen umzieht.

SCHON GEWUSST?

Einsiedlerkrebse sind Rechtshänder

Die rechte Schere der Einsiedlerkrebse ist viel länger, breiter und kräftiger als die linke. Mit der linken Greifschere ergreift er Beutetiere oder beim Umzug sein Schneckenhäuschen. Mit der rechten Knackschere kann der Krebs sogar die Schalen kleiner Muscheln öffnen. Schweben im trüben Wasser viele kleine Nahrungsteilchen herum, hält der Einsiedlerkrebs einfach seine fein gefiederten Mundwerkzeuge in die Strömung. So filtert er die besten Nahrungsbrocken aus dem Wasser.

Die Wellhornschnecke

Die Wellhornschnecke

Die Wellhornschnecke ist die größte Schnecke an der Nordsee. Ihr Gehäuse ist so groß wie ein Hühnerei. Die Schnecke selbst wird dir am Strand aber kaum begegnen. Sie ist eine Meeresschnecke, die unter Wasser lebt. Dafür kannst du ihre leeren Gehäuse sammeln, die die Flut an den Strand trägt. In manche leeren Schneckenhäuschen der Wellhornschnecke sind allerdings Einsiedlerkrebse eingezogen. Im Spülsaum findest du auch die leeren Laichballen dieser Schnecke, die wie hellbrauner Plastikmüll aussehen.

SCHON GEWUSST?

Seife aus dem Meer

Früher haben Fischer die leeren Laichballen der Wellhornschnecke gesammelt. Sie benutzten sie wie eine Seife und reinigten damit ihre Hände.

Müllmann am Meeresboden

Die räuberische Wellhornschnecke ist ständig auf der Suche nach toten und lebenden Beutetieren. Auf ihren Wanderungen am Meeresboden legt sie große Strecken zurück. Schon aus großer Entfernung kann sie Tierkadaver, Muscheln, Krebse und in Fischernetzen hängende Fische riechen. Hat sie eine Beute entdeckt, so befühlt sie das Opfer zunächst intensiv mit ihrem Vorderfuß und den Fühlern. Dann fährt sie aus ihrem Schlund einen unglaublich langen Rüssel aus, an dessen Spitze sich eine raue Raspelzunge befindet. Mit diesem beweglichen Rüssel frisst sie selbst verwinkelte Muschelschalen und Krebspanzer vollständig leer.

Auch verschlossene Muschelschalen oder unversehrte Krebspanzer kann die Wellhornschnecke öffnen. Dann feilt sie mit ihrer rauen Raspelzunge wie mit einer Feile ein kleines Loch in Schalen, Gehäuse und Panzer.

Lebensraum Sandstrand und Dünen

Auf einen Blick

Größe: bis zu 10 cm hoch
Aussehen: großes birnenförmiges, spiralförmig gewundenes, braunes, gelbes oder hellgraues Schneckengehäuse mit zahlreichen Rippen auf der Oberfläche
Nahrung: tote Krebstiere, Muscheln und Würmer, aber auch lebende Krebse und Schnecken
Typisch: riecht ihre Beute schon von weitem

SCHON GEWUSST?

Der Riesenmagen

Nach einer üppigen Mahlzeit kann sich der Magen der Wellhornschnecke von seiner gewöhnlichen Größe von 2 cm auf bis zu 6 cm Länge vergrößern. Dann besteht die Schnecke fast nur noch aus Magen.

Die Wellhornschnecke

So vermehrt sich die Wellhornschnecke

Die faustgroßen Laichballen, die du im Spülsaum finden kannst, enthalten bis zu 200 erbsengroße Eikapseln. In jeder Eikapsel wiederum befinden sich rund 1.000 Eier. Nur aus ganz wenigen, befruchteten Eiern schlüpfen Jungschnecken, die sich dann von den unbefruchteten Eiern ernähren. Zur Eiablage sucht die Schnecke im Februar und März im dichten Tang einen geeigneten Platz. Dort läuft sie in engen Kreisen herum und legt dabei die Eikapseln zu einem großen Laichballen zusammen. Diesen heftet sie an einen festen Gegenstand wie einen Felsen. Nach der Eiablage verlässt die Wellhornschnecke ihr Gelege und überlässt es sich selbst – so machen es alle Schnecken.

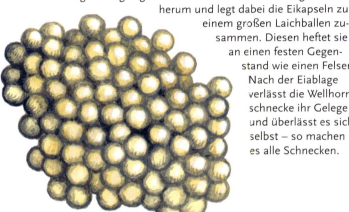

Schnecken-Nachwuchs

Bald darauf schlüpfen die kleinen Jungschnecken aus ihren Eiern. Das Innere der Eikapsel ist nun ihre Kinderstube, in der sie geschützt und mit Nahrung versorgt sind. Erst wenn die Jungschnecken etwa 3 mm groß sind, verlassen sie ihre Kinderstube. Jetzt wird das Leben gefährlich für die kleinen Schnecken, denn nun müssen sie ihre Nahrung selbst finden. Bei Gefahr ziehen sie sich zwar in ihr winziges Häuschen zurück – doch oft hilft das nicht gegen übergroße Feinde. Und so landen viele Jungschnecken in den Mägen von Fischen, Krebsen und Möwen.

Verlassene Kinderstuben

Nach und nach reißen die Wellen die leeren Laichballen vom Untergrund ab. Die Flut spült sie das ganze Jahr über an den Strand – und so kannst du sie auch zu jeder Zeit finden.

Mutige Schnecken

Wellhornschnecken leben auf dem Meeresboden, den s e während ihres ganzen Lebens nicht verlassen. Doch es gibt auch einige mutige Schnecken unter ihnen, die sich mit der Flut auf den Strand tragen lassen. Kommen sie mit der ablaufenden Flut nicht zurück ins Meer, so bleiben sie bei Ebbe am Strand liegen. Dann müssen sich die Schnecken rasch in den Sand eingraben, wenn sie nicht das Opfer der Möwen werden wollen. Findest du deshalb eine lebende Wellhornschnecke am Strand, so bringe sie am besten gleich ins Meer zurück.

Eine lebende Meeresschnecke beobachten

Wenn du eine lebende Meeresschnecke beobachten willst, gib ein paar Holzstücke in einen Eimer mit Meerwasser. Stell den Eimer in den Schatten. Nun kannst du beobachten, wie die Schnecke auf ihrem Muskelfuß kriecht. Am Kopf erkennst du zwei Fühler, die die Schnecke bei der kleinsten Beunruhigung einzieht. Mit ihnen kann sie gut tasten. Siehst du ihre Augen? Manche Meeresschnecken strecken ein langes Rohr aus der Gehäuseöffnung heraus. Das ist der Sipho oder das Atemrohr, mit dem die Schnecke Atemwasser einsaugt. Meeresschnecken atmen nämlich mit Kiemen.

Quallen

Quallen

Nach einer stürmischen Nacht liegen am Strand oft die durchsichtigen Körper einzelner Quallen. In der Sonne trocknen sie rasch aus, so dass schließlich nur noch ein dünnes Häutchen an das prächtige Tier erinnert. Doch Vorsicht, fasse Quallen nicht an! Manche von ihnen sind nämlich sehr giftig.

Treiben im Meer

Quallen gehören wie die Polypen, Seeanemonen und Korallen zu den Nesseltieren. Ihr Körper besteht im Grunde genommen aus einem hohlen Schlauch, der an einer Seite offen ist. Quallen lassen sich im Meer einfach dorthin treiben, wohin Wellen, Strömungen und Wind sie tragen. Ihren runden oder kugelförmigen Schirm können sie zwar öffnen und zusammenziehen und sich so auch selbst von der Stelle bewegen, gegen die kräftigen Wellenbewegungen und Meeresströmungen können sie aber nichts ausrichten. Quallen gehören damit zum Plankton – so werden alle Meereslebewesen genannt, die sich einfach im Wasser treiben lassen.

SCHON GEWUSST?

Ein durchsichtiger Körper

Der Körper der Quallen besteht fast nur aus Wasser. Weil er durchsichtig ist, kannst du in das Innere einer Qualle schauen. In der Körpermitte befindet sich der Darm, der auf der Unterseite des Schirmes eine Mundöffnung hat. In diese nimmt die Qualle ihre Nahrung auf. Die unverdaulichen Reste spuckt sie einfach durch die Öffnung wieder nach draußen. Um die Mundöffnung herum befinden sich die Fangarme. Sie werden auch Tentakel genannt. Bei manchen Arten sind sie kurz und dick, bei anderen lang und dünn. Tropische Quallen, wie zum Beispiel die Portugiesische Galeere, besitzen sogar bis zu 50 m lange Fangarme, die sie wie einen langen Schleier hinter sich herziehen. Die Tentakel dienen dem Beutefang: Manche fangen damit Fisch- und andere Larven aus dem Plankton, andere erbeuten damit sogar Garnelen und kleine Fische.

Achtung, giftig!

In unseren Meeren gibt es zahlreiche Quallenarten. Manche sind für uns Menschen harmlos, doch viele tragen an den langen Tentakeln gefährliche Nesselzellen. In den winzig kleinen Nesselzellen befindet sich eine kleine Harpune. Bei der kleinsten Berührung springt die Zelle auf und die Harpune schießt hervor. Mit ihrer Spitze dringt sie in das Beutetier oder in deine Haut ein und spritzt ein Gift in den Körper. Dieses Gift lähmt sofort die Beute. Nun braucht die Qualle nur noch ihre Tentakel zur Mundöffnung zu führen und schon kann sie die gelähmten und aufgespießten Beutetiere fressen. Manche Quallen sind so giftig, dass sie sogar einen Menschen töten können. Zum Glück gibt es diese hochgiftigen Würfelquallen, die auch Seewespen genannt werden, nur in den tropisch-warmen Meeren. Doch auch unter den heimischen Quallen gibt es solche, deren Gift höllisch weh tut.

Quallen

Entdeckungstour harmlose Quallen

Am Strand kannst du Kompassquallen, Ohrenquallen und Wurzelmundquallen finden. Die Schirme dieser Arten werden bis zu 50 cm groß.

Kompassquallen werden besonders häufig im Spätsommer und Herbst von heftigen Stürmen an den Strand gespült. Du erkennst sie an den gabelartigen Mustern aus V-förmigen Streifen auf der Schirmoberseite. Mit ihren bis zu 2 m langen, dünnen Fangarmen erbeuten sie hauptsächlich kleine Schwimmkrebschen.

Ohrenquallen stranden gern im Frühsommer an unseren Küsten. In ihrem durchsichtigen Körper sind die vier ohrenförmigen Gonaden zu sehen, die wie ein Kleeblatt angeordnet sind. Diese Quallen erbeuten mit ihren recht kurzen Mundtentakeln kleine Meerestierchen aus dem Plankton.

Wurzelmundquallen gehören zu den beeindruckendsten heimischen Quallen, die du im Sommer im Spülsaum finden kannst. Manchmal kannst du sie auch bei einer Schifffahrt beobachten. Dann treiben sie in großen Massen wie Korken im Fahrwasser des Schiffes auf und ab.

Ohrenqualle

Kompassqualle

Wurzelmundqualle

Giftige Quallen

In warmen Sommermonaten treten an unseren Küsten die giftige Blaue Nesselqualle und die Gelbe Nesselqualle auf. Halte dich von ihnen fern! Ihre haardünnen Fangarme sind dicht mit giftigen Nesselzellen besetzt. Berührst du sie, entstehen auf deiner Haut schmerzhafte Wunden, die schlecht heilen. Manchmal werden auch nur einzelne Tentakel abgerissen und treiben im Meer umher. Auch sie, sowie tote, an Land gespülte Exemplare, besitzen noch funktionsfähige Nesselzellen, die bei jeder Berührung sofort aufplatzen. Wenn diese Quallen in Massen auftreten, können sie die Netze der Fischer verstopfen.
Dann traut sich an den betroffenen Stränden auch kein Mensch mehr ins Wasser.

SCHON GEWUSST?

Was tun, wenn du dich an einer giftigen Qualle verbrannt hast

Berühre die betroffene Stelle nicht mit deinen Händen. Wasch die Tentakelreste mit Meerwasser (nicht mit Süßwasser oder Alkohol!) ab. Leg dann sofort ein Papiertaschentuch oder Toilettenpapier auf die verbrannte Stelle, damit das Quallengift aufgesaugt wird. Du kannst auch Essigwasser über die verletzte Stelle gießen. Geh dann zu einem Arzt. Nimm die Verletzung ernst, es kann Wochen dauern, bis sie verheilt ist. Manche Menschen reagieren auf eine Verletzung durch Quallen mit einem Schock, der auch tödlich enden kann. Ruf deshalb bei großen Verletzungen oder wenn es dem Betroffenen schlecht geht, sofort einen Notarzt. Wähle dazu die **Telefonnummer 112**.

Lebensraum Felsküste

Unermüdlich prallen die tosenden Wellen mit höllischem Lärm an die steilen Wände der Felsküste. Sie haben unglaublich viel Kraft und nagen an dem harten Gestein oder unterhöhlen dicke Felsen. Durch die Brandung lösen sich immer wieder kleinere und größere Gesteinsbrocken, die ins Meer fallen. Am Meeresgrund reiben sie aneinander, werden immer kleiner und schließlich zu runden, glatten Kieseln oder Sand geschmirgelt.

Entdeckungen bei Ebbe

Während der Ebbe liegen viele Bereiche der Felsküste oberhalb der Wasserlinie trocken. Dann werden dort allerlei fest sitzende Tiere sichtbar. Dazu gehören Seepocken, Schnecken, Muscheln, Seerosen und viele Algen. Zwischen den Felsen haben sich an vielen Stellen auch kleine Tümpel gebildet, die mit Meerwasser gefüllt sind. In diesen Mini-Aquarien kannst du viele Tiere entdecken: Strandkrabben verstecken sich in schützenden Felsspalten, kleine Jungfische schwimmen hin und her und mit etwas Glück ist sogar ein Seeigel oder ein Seestern bis zur nächsten Flut in solch einem Minibecken gefangen.

Doch was ist der kleine schleimige Klumpen, der an den Felsen haftet? Wenn das Wasser höher steht, erfährst du es: Dann fahren aus dem Schleimklumpen viele Tentakel aus und die Seerose, eine Verwandte der Quallen, zeigt sich in ihrer ganzen Schönheit.

Algen und Tange

Meist kennst du Algen und Tange nur daher, weil du sie im Spülsaum findest. Algen sind die Pflanzen unter Wasser. Sie brauchen einen festen Untergrund, an dem sie sich festheften können.

Algen gibt es in einer großen Fülle an Formen, Farben und Gestalten. Viele sind grün, goldbraun oder gelblich. Zu den grünen Algen gehört etwa der Meersalat, dessen flächige Blätter wie Salatblätter aussehen. Werden sie an den Strand gespült, fühlen sie sich im feuchten Zustand wie Gummi an. Felsen, Steine und Klippen sind oft vom grünen Darmtang überzogen.

Bei Ebbe liegen die röhrenförmigen Fäden dieses Tangs wie Haare auf dem Untergrund. Wenn du sie zerreibst, riechen sie nach Meer. Blasen-, Knoten- und Sägetang bestehen aus gabelig verzweigten Bändern, die olivgrün bis goldbraun gefärbt sind. Es gibt auch Algen, die rot gefärbt sind.

Lebensraum Felsküste

Mit Algen verzieren

SCOUT TIPP!

Algen mit dünnen Blattabschnitten oder solche, die fein verzweigt sind, kannst du sammeln und auf einem Papier trocknen. Wenn sie getrocknet sind, geben sie eine schöne Verzierung für Karten, Alben und Briefe. Klebe sie dazu einfach mit einem Bastelkleber auf.

SCHON GEWUSST?

Speiseeis aus Algen?

Auch wenn das vielleicht merkwürdig klingt: In Speiseeis, Pudding und Zahncreme sind tatsächlich Bestandteile aus Algen enthalten. Algen werden auch für die Herstellung von Kosmetika, Tierfutter, Düngemittel und Kompost verwendet. Manche Algen kann man sogar essen. Besonders in Asien gibt es zahlreiche Gerichte mit einem Gemüse aus den gesunden Algen, die angenehm salzig und etwas säuerlich schmecken.

Bunte Farbkleckse auf den Felsen

An den Felsen, an die bei Flut die Wellen schlagen und die bei Ebbe trocken sind, fallen dir bestimmt die vielen bunten Farbkleckse und Farbstreifen in Grün-, Gelb- oder Grautönen auf. Das sind Flechten, die in engen Krusten auf dem Gestein wachsen. Flechten sind Lebewesen, die aus einem Algen- und einem Pilzpartner bestehen. Sie können die extremsten Lebensräume besiedeln und kommen in den kältesten Eiswüsten, auf den höchsten Bergen und den heißesten Plätzen, wie etwa Hausdächern, vor.

Tiere an der Felsküste entdecken

An einer felsigen Küste leben viel mehr Tiere und Pflanzen im Wasser als an einer sandigen. Auf dem harten Gestein unterhalb der Wellenzone können sich zahlreiche Algen und Tange ansiedeln. Zwischen den Pflanzen, in Spalten und Höhlen der Felsen finden Fische, Strandkrabben, Seeigel, Seesterne und Tintenfische ein sicheres Versteck und viel Nahrung.

Mal unter Wasser, mal an der Sonne

Wo die Wellen auf die Felsen schlagen oder wo das Gestein während der Ebbe trockenliegt, kommen nur wenige Tiere vor. Zu diesen Spezialisten zählen Seepocken, Strand- und Napfschnecken, die an den Wechsel von Unter-Wasser- und An-der-Luft-Sein angepasst sind.

Bei Flut gehen sie auf Nahrungssuche, bei Ebbe verschließen sie alle Öffnungen und warten stundenlang in der heißen Sonne auf die nassen Zeiten. Dann kannst du dir ihre kalkigen Gehäuse und Panzer anschauen. Wie viele haben auf der Fläche deiner Hand Platz?

Entdeckungstour Mini-Aquarium

Bei Ebbe bilden sich in den schroffen Felsen, die bei Flut von Wasser umspült sind, kleine Tümpel. In diesen werden oft kleine Meerestiere, wie etwa Strandkrabben, kleine Fische, Seesterne, Seeigel oder Meeresschnecken, gefangen. Der Weg zum offenen Meer ist ihnen versperrt und sie müssen auf die nächste Flut warten. Nur bei Niedrigwasser kannst du eine kleine Entdeckungstour zu den Mini-Aquarien starten.

Doch Vorsicht: Die meisten Felsen an der Küste sind schroff und uneben. Dort gibt es viele Spalten und scharfe Kanten, an denen du dich verletzten kannst. Trag deshalb bei einer Entdeckungstour in den Felsen stets festes Schuhwerk. Halte dich von steil ins Meer abfallenden Felsen fern – du könntest abstürzen und verunglücken. Mit Algen überzogene Felsen können rutschig sein. Gehe auch nie allein auf eine solche Erkundungstour und sage deinen Eltern Bescheid, wo du bist.

Mit Schnorchel, Maske und Flossen

An einigen Küstenabschnitten und an manchen Tagen liegt das Meer so still da wie das Wasser in einer Badewanne. Jetzt ist der beste Zeitpunkt für eine Schnorcheltour. So kannst du viele Tiere unter Wasser entdecken und beobachten: Schau einer Krabbe beim Frühstück zu, beobachte wie Seepocken oder Röhrenwürmer mit ihren Tentakeln feine Schwebteilchen aus dem Wasser sieben oder wie sich ein Seeigel langsam fortbewegt.

Diese Ausrüstung brauchst du zum Schnorcheln:

Die Maske: Bevor du die Tauchermaske aufziehst, spucke innen auf die Gläser. Verreibe deine Spucke dann mit deinen Fingern und spüle die Maske anschließend im Meerwasser aus. So können die Gläser nicht beschlagen. Wenn deine Maske neu ist, musst du die Innenseite der Gläser erst mit Zahnpasta einschmieren und dann gründlich unter fließendem Wasser auswaschen. Viele Gläser werden nämlich in der Fabrik zum Schutz beschichtet – und diese Schicht muss entfernt werden, sonst beschlagen die Gläser.

Der Schnorchel: Bastel dir keinen Schnorchel selbst, sondern besorge dir einen im Tauchgeschäft, der für diese Zwecke geeignet ist. Den Schnorchel befestigst du an dem Maskenband.

Flossen: Trage Flossen, Taucherschuhe oder feste Gummisandalen an deinen Füßen. Sie schützen dich vor scharfen Felsen und den spitzen Stacheln der Seeigel.

T-Shirt oder Neoprenanzug: Ziehe beim Schnorcheln ein T-Shirt oder einen Neoprenanzug an, der deinen Rücken vor den Sonnenstrahlen schützt. Der Neoprenanzug hält dich zudem noch schön warm.

SCOUT TIPP!

Besuch eines Meeresaquariums

Wenn du nicht schnorcheln willst, kannst du dennoch die Tiere kennenlernen, die an der Felsküste leben. Besuche einfach ein Meeresaquarium. Dort leben in kleinen Becken viele Fische, Seeanemonen, Quallen, Krebse, Muscheln, Tintenfische und andere Meerestiere unserer Küsten. In manchen Aquarien werden sogar kleine Katzenhaie mit ihren viereckigen Eitaschen gehalten. Die großen Eier sind durchsichtig braun, sodass du sehen kannst, wie darin ein kleiner Hai heranwächst.

Das 1x1 des Schnorchelns

1. Erkundige dich, ob das Schnorcheln ungefährlich ist. Schnorchel nur dort, wo es keine starken Meeresströmungen gibt und wo keine Wellen sind.

2. Gehe vorsichtig an einem flachen Felsen oder noch besser an einem nah gelegenen Sandstrand ins Wasser. Achte darauf, dass du nicht auf einen Seeigel trittst. Die Stacheln sind spitz, brechen meist in der Haut ab und sind nur schwer zu entfernen. Wenn du Pech hast, kannst du wochenlang schlecht gehen.

3. Lege dich dann flach mit dem Bauch aufs Wasser und schaue einfach durch die Brille ins Wasser. Atme ruhig ein und aus und bewege deine Beine so wenig wie möglich.

4. Fasse unter Wasser **nichts** an, keine Algen, keine Seeanemonen, keine Schnecken, keine Krebse, keine Fische! Greife in keine Felsspalten und Höhlen hinein. Du weißt ja nicht, was sich darin verbirgt.

5. Schaue zuerst nach, bevor du dich im Wasser auf deine Füße stellst.

6. Wenn du abtauchst, musst du die Luft anhalten. Dann füllt sich dein Schnorchel mit Meerwasser. Nach dem Auftauchen bläst du den Schnorchel aus: Puste dazu kräftig mit deiner restlichen Atemluft in den Schnorchel. Dann entleert er sich und du kannst wieder atmen. Am besten probierst du das ein paar Mal in einem Schwimmbad oder an einem flachen Sandstrand aus.

7. Verlasse das Wasser genauso vorsichtig wie du hineingegangen bist.

Seevögel

Seevögel auf dem Vogelfelsen

Zu den ganz besonderen Erlebnissen an der Felsküste gehört ein Ausflug zu einem Vogelfelsen, etwa auf Helgoland. Die meiste Zeit des Jahres liegen diese steilen Felswände ruhig und verlassen in der Sonne, nur ein paar Möwen sitzen herum, bis sich die Felsen ab März füllen. Von überall her kommen Basstölpel, Papageitaucher, Möwen und andere Seevögel herbei, um auf den Vogelfelsen zu brüten. Innerhalb weniger Tage treffen tausende von Vögeln ein und füllen die Steilwand mit ihrem lauten Geschrei.

Genauso plötzlich wie die Felsen im Frühjahr lebendig wurden, wird es dort im Sommer wieder still. Dann sind die Jungen flügge und ziehen mit ihren Eltern raus aufs offene Meer, wo sie auch im Winter reichlich Nahrung finden.

SCHON GEWUSST?

Die gefährlichsten Kinderstuben der Welt

Auf den Vogelfelsen gibt es nur schmale Felsvorsprünge. Viele sind schmäler als deine Hand. Zum Meer hin befindet sich ein steiler Abgrund, der oft viele Zehnermeter tief ist. Auf diesen kleinen Simsen brüten die Seevögel. Sie bauen kein Nest, sondern legen ihr Ei direkt auf das nackte Gestein. Damit die Eier nicht in die Tiefe fallen, haben viele eine birnenförmige Gestalt. Wenn sie ins Rollen kommen, machen sie eine Drehbewegung wie ein Kreisel und bewegen sich nicht vom Fleck. Auch die frisch geschlüpften Küken dürfen keine Angst vor dem Abgrund haben. Wie auf kleinen Balkonen ohne Geländer sitzen sie in den Steilwänden und warten darauf, dass ihre Eltern sie mit Fischen und anderen Meerestieren füttern.

Lebensraum Felsküste

Entdeckungstour Vogelfelsen

Der günstigste Zeitpunkt für eine Entdeckungstour am Vogelfelsen ist im April und Mai. Zu deinem Ausflug an den Vogelfelsen zu Fuß oder mit dem Ausflugsboot, musst du unbedingt ein Fernglas mitnehmen. So kannst du die Vogeleltern und ihre Jungen beobachten, ohne sie zu stören. Den besiedelten Felsen solltest du dich nicht zu sehr nähern, sonst störst du die brütenden Eltern und Küken. Du willst doch nicht, dass die Seevögel ihre Eier oder Küken allein lassen und diese sterben müssen.

Seevögel

Die Seevögel in den Felsen

Diese Vögel kannst du auf den Vogelfelsen beobachten:

Basstölpel:
Der weiße Basstölpel mit dem gelblichen Kopf und dem kräftigen Schnabel gehört zu den größten heimischen Seevögeln. Mit V-förmig angelegten Flügeln stürzt er kopfüber mit bis zu 160 Stundenkilometern ins Wasser, um Fische zu erbeuten. Er kann bis zu 15 m tief tauchen und bleibt dann rund 30 Sekunden unter Wasser.

Papageitaucher:
Wenn der putzige Papageitaucher zu seinen hungrigen Jungen zurückkehrt, trägt er mehrere Fische in seinem hohen, bunten Schnabel. Sie brüten nicht auf den schmalen Simsen des Vogelfelsens, sondern graben sich in den steilen Wänden eine Bruthöhle.

Trottellumme:
Mit ihrem schwarz-weißen Gefieder sehen die aufrecht stehenden Trottellummen wie Pinguine aus. Mit diesen Seevögeln der Südhalbkugel sind sie aber nicht verwandt. Trottellummen sind Hochseevögel, die nur zum Brüten an Land kommen. Ihre Jungen sind wagemutig: Obwohl sie noch nicht fliegen können, stürzen sie sich eines Tages in die Tiefe und landen im Meer.

Tordalk:
Auch der Tordalk ist ein Hochseevogel, der nur zum Brüten das Land betritt. Während er unter Wasser ein geschickter Taucher ist, der Fische, Würmer und Krebse erbeutet, bewegt er sich an Land recht unbeholfen. Er überwintert auf dem offenen Meer.

Seevögel beobachten

Alle Vögel, die auf dem Vogelfelsen brüten, kannst du außerhalb der Brutzeit hin und wieder auch an den Stränden und Felsküsten entdecken. Auf der Suche nach Nahrung streifen sie umher und tauchen als einzelne Gäste mal hier, mal dort auf.

Lebensraum Felsküste

Dreizehenmöwe

Anders als die Silber- oder Heringsmöwe brütet die kleinere Dreizehenmöwe auf dem Vogelfelsen. Jedes Jahr kehrt sie zum Brüten an dieselbe Stelle zurück, wo sie ein kleines Nest aus Seetang baut und an den Felsvorsprüngen festheftet. An manchen Küstenabschnitten kannst du diese Möwe das ganze Jahr über beobachten.

Eissturmvogel

Die meiste Zeit seines Lebens verbringt der möwenähnliche Eissturmvogel auf hoher See. Häufig folgt er Schiffen auf ihren langen Reisen. Nur zur Paarung, Brut und Aufzucht seines einzigen Kükens kommt der Eissturmvogel einmal im Jahr an Land – und auch das erst ab seinem 10. Lebensjahr. Mit den beiden großen Öffnungen auf seinem Schnabel scheidet er das Salz aus, das er mit seiner Nahrung laufend zu sich nimmt.

SCHON GEWUSST?

Einmal trocknen nach dem Tauchen: der Kormoran

Diesen Vogel kannst du auch an manchen Flüssen im Landesinnern beobachten. Der schwarze Kormoran ist ein hervorragender Jäger, der tauchend Fische erbeutet. Weil er sein Gefieder nicht mit einem Fett einreibt, vermag er noch besser zu tauchen. Dafür muss er aber nach jedem Tauchgang sein Gefieder an der Luft trocknen lassen. Dann siehst du ihn mit ausgebreiteten Flügeln auf Felsen oder Ästen sitzen.

Die Strandkrabbe

An unseren Küsten ist die Strandkrabbe die häufigste Krabbe. Strandkrabben können nur seitwärts mit erhobenen Scheren laufen. Darum werden sie auch Dwarslöper genannt, was auf Deutsch Querläufer heißt. Strandkrabben halten sich während der Flut oberhalb und unterhalb der Wasserlinie auf, immer auf der Suche nach etwas Fressbarem. Strandkrabben sind gefräßig: Sie verzehren alles, was in die Reichweite ihrer Scheren gelangt, egal ob lebend oder tot. Bei Ebbe hingegen suchen sie einen geschützten Ort auf oder vergraben sich in Schlick und Sand.

Ritter im Panzerkleid

Strandkrabben besitzen wie alle Krebstiere einen harten Außenpanzer. Am auffallendsten ist der große Rückenpanzer, der am vorderen Rand feine Zacken aufweist. Den Hinterleib trägt die Krabbe eingeklappt auf dem Bauch. Du kannst ihn nur sehen, wenn du sie auf den Rücken drehst.

Beim Schnorcheln oder in einem Aquarium hast du vielleicht Glück und kannst beobachten, wie eine Krabbe ihren Hinterleib abspreizt. Dann siehst du die vielen fein gegliederten Beine auf deren Innenseite. Zwischen diesen Beinen trägt das Weibchen viele Tausend Eier, aus denen sich kleine Strandkrabbenlarven entwickeln, die die erste Zeit treibend im Plankton verbringen. Fang nie ein Weibchen, denn sonst vernichtest du viele Tausend neue Krabben!

> **SCHON GEWUSST?**
>
> **Kräftige Scheren**
>
> Mit ihren großen Scheren kann die Strandkrabbe mühelos die Schale einer gleich großen Miesmuschel oder ausgewachsene Strandschnecken knacken.

Lebensraum Felsküste

> **Auf einen Blick**
>
> **Größe:** bis zu 6 cm lang und 8 cm breit
> **Aussehen:** Krabbe mit fast ovalem Rückenpanzer, zwei Scheren und vier Paar Laufbeinen
> **Nahrung:** kleine Meerestiere wie Muscheln, Schnecken, Flohkrebse, Fische und Aas
> **Typisch:** kann nur seitwärts laufen

SCHON GEWUSST?

Männchen oder Weibchen?

Die Geschlechter unterscheiden sich bei den Krabben am Hinterleib. Dreh dazu eine Krabbe auf den Rücken und schau dir den eingeklappten Hinterleib an. Ist er kurz, schmal und spitz, so ist es ein Männchen. Der Hinterleib des Weibchens ist größer, breiter und abgerundet.

Eine Krabbe anfassen

Hast du schon einmal eine lebendige Krabbe angefasst? Du musst sie von hinten mit Daumen und Zeigefinger packen, dann ist sie wehrlos. Von vorne kann sie dich mit ihren Scheren schmerzhaft zwicken. Wenn du sie auf den Rücken drehst, bewegt sie sich weniger.

Die Strandkrabbe

Wenn Gefahr droht

Die Strandkrabbe verschwindet bei der geringsten Gefahr eiligst in einem Versteck. Dann richtet sie sich auf und streckt dem Angreifer mutig ihre großen, auf und zu klappenden Scheren entgegen, denn ihr verwundbarer Rückenpanzer ist ja geschützt. Ihn kann sie nicht mit ihren Scheren verteidigen – und Feinde gibt es viele, die gern Strandkrabben fressen: Möwen, Austernfischer, Eiderenten und Robben gehören dazu.

> **■ SCHON GEWUSST?**
>
> **Ein verlorenes Bein wird ersetzt**
>
> Krabben haben einen großen Vorteil davon, dass sie sich regelmäßig häuten: Haben sie bei einem Angriff räuberischer Vögel ein Bein verloren, so erscheint bei der nächsten Häutung einfach ein neues. Das ist zunächst noch kleiner als die anderen Laufbeine, wird aber von Häutung zu Häutung größer.

Lebensraum Felsküste

Erst nach der Häutung wachsen Krabben

Wenn eine Strandkrabbe wächst, muss sie sich häuten. Ihr harter Außenpanzer wächst nämlich wie bei den Insekten nicht mit. Für diese gefährlichen Momente in ihrem Leben zieht sich die Krabbe unter Wasser in eine kleine Höhle oder zwischen dichtem Algenrasen zurück. Dann streift sie ihren harten Außenpanzer wie eine Ritterrüstung ab – das klingt einfacher als getan: Schließlich muss sie nicht nur ihren Körper, sondern auch zwei Scheren, acht Laufbeine, vier Fühler und jede Menge Mundwerkzeuge aus dem engen Panzer zwängen. Unter dem alten Panzer hat sich schon der neue gebildet. Er ist zunächst noch weich. Damit der neue Panzer größer wird, schluckt die Krabbe viel Wasser und bläht sich auf. So verbleibt sie, bis der neue Panzer ausgehärtet ist.

Krabbenpanzer sammeln

Die stabilen Rückenpanzer liegen nach der Häutung am Meeresboden herum. Manchmal werden sie von der Flut oder den Wellen erfasst und an den Strand gespült. Dort kannst du sie dann sammeln.

SCHON GEWUSST?

Erst die Häutung, dann die Paarung

Krabben können sich nur dann paaren und fortpflanzen, wenn sich das Weibchen gerade gehäutet hat. Deshalb sind die Männchen auf häutungsbereite Weibchen, die sie an deren speziellem Geruch erkennen, besonders scharf. Sie bleiben dann stets in deren Nähe und ziehen sich mit ihr, wenn es dann soweit ist, in das Versteck zurück.

Die Seepocke

Seepocken sind seltsame Krebse. Dicht an dicht heften sie sich in großen Kolonien an Felsen und Steinen, Muschel- und Schneckenschalen, Krabbenpanzern, Holzpfählen und Schiffen, Treibholz und sogar an Walen fest. Ihr feiner Körper ist von einem Panzer aus sehr harten Kalkplatten geschützt. Bei Gefahr oder wenn die Felsen, auf denen sie sitzen, trocken fallen, ziehen sie sich ganz in ihren Kalkpanzer zurück. Die Öffnung verschließen sie mit vier kleineren Kalkplatten, die wie einzelne Puzzleteile ineinander greifen. Erst wenn die Gefahr vorüber ist oder sie von Wasser umflutet werden, öffnen die Seepocken ihre Verschlussdeckel. Dann werden die feinen Fiederbeinchen sichtbar, mit denen die Seepocken feinste Schwebteilchen und Plankton aus dem Wasser sieben.

SCOUT TIPP!

Erstaunlich, aber wahr

Besonders viele Seepocken kommen an den Küstenabschnitten vor, wo kräftige Wellen an die Felsen peitschen.

SCHON GEWUSST?

Seepockenlarven gehören zum Plankton

Als Larve ist die Seepocke noch ein frei bewegliches Tier, das mit dem Plankton im Meer umhertreibt. Wenn sie größer wird, lässt sie sich auf festen Gegenständen im Wasser nieder. Dann treten aus einer Zementdrüse Kittstoffe aus, mit denen sich die Seepocke am Boden festheftet. Dort wandelt sie sich dann zur fertigen Seepocke um.

Lebensraum Felsküste

Auf einen Blick

Größe: bis zu 1,5 cm
Aussehen: Kolonie aus schmutzigweißen Kegeln auf Felsen, Muschelschalen und anderen harten Gegenständen
Nahrung: Schwebteilchen und Plankton
Typisch: fest sitzender Krebs, der seine Nahrung aus dem Wasser siebt

Seepocken sind wahre Überlebenskünstler

Wenn sie bei Ebbe im Trockenen sitzen, heizen sich ihre Körper und die umgebenden Steine an einem sonnigen Tag so richtig auf. Seepocken macht diese Hitze nichts aus. Sie können tagelang in ihrem Schutzpanzer ausharren.

Eine Seepocke füttern

Fülle ein leeres Glas mit frischem, kaltem Meerwasser. Suche einen Stein oder eine Muschelschale, auf der ein paar Seepocken sitzen, und lege sie in das Meerwasser. Stelle das Glas in den Schatten. Bald öffnen sich die Deckel und die feinen Fiederbeine schauen heraus. Mit ihnen fangen die Seepocken kleinste Schwebteilchen aus dem Wasser. Gib etwas fein zerriebenes Fischfutter ins Wasser und schau, was passiert. Setz die Seepocken dann wieder im Trockenen auf den Stein, von dem du sie entfernt hast.

Seesterne

Seesterne

Die meisten Seesterne haben fünf Arme. Doch der bis zu 20 cm große Sonnenstern trägt sogar bis zu 15 Arme und sieht so aus, wie er heißt. Am häufigsten kommt aber der bis zu 50 cm große Gemeine Seestern an unseren Küsten vor. Seine gepanzerten, roten bis violetten Arme tragen unzählige kleine Stacheln, die manchmal in Reihen angeordnet sind. An deren Spitzen befinden sich die kleinen, roten Augen.

SCHON GEWUSST?

Wie läuft ein Seestern?

Vielleicht hast du dich ja auch schon einmal gefragt, wie ein Seestern vorwärts kommt. Mit seinen Armen sicherlich nicht. Beobachte beim Schnorcheln, in einem Aquarium oder in einem Eimer mit Meerwasser einen Seestern genau. Du erkennst auf der Unterseite des Körpers viele kleine durchsichtige Saugfüßchen, mit denen er sich unermüdlich über den Untergrund schiebt.

Geschwindigkeit messen

Mit Stoppuhr und Maßband kannst du messen, wie schnell Seesterne und Seeigel unterwegs sind. Lege an das hintere Ende des Tieres einen Stein, das ist der Startpunkt. Dann lasse deine Stoppuhr eine Minute laufen. Lege erneut einen Stein an das hintere Ende. Wenn du nun die Distanz misst, weißt du die Geschwindigkeit: Legt ein Seestern in einer Minute eine Strecke von 2-8 cm zurück, ist er mit 120-480 Stundenzentimetern unterwegs.

Lebensraum Felsküste

Löcher im Seesternpanzer

Wenn du einen toten Seestern findest, schaue ihn dir mit der Lupe an. Sein Panzer ist von unzähligen, nadelfeinen Löchern durchsiebt. Aus diesen Löchern haben beim lebenden Tier die Saugfüßchen herausgeschaut. Große Seesterne besitzen über 40.000 Saugfüßchen!

Räuber im Meer

Alle Seesterne sind Räuber. Die Lieblingsspeise des Gemeinen Seesterns sind Miesmuscheln. Deshalb hält er sich gern in Muschelbänken auf. Wenn er eine Muschel öffnen will, umschlingt er sie fest mit seinen Armen. Dann saugen sich Hunderte der Saugfüßchen an den beiden Schalenhälften fest und ziehen sie in beide Richtungen auseinander. Stundenlang scheint die Muschel unbesiegbar und hält die Muschelschalen fest verschlossen. Da der Seestern jedoch viel kräftiger ist als sie, lassen bald ihre Kräfte nach. Auf diesen Moment hat der Seestern gewartet. Sobald sich die Muschelschalen auch nur ein klein wenig öffnen, stülpt er seinen Magen in die Muschel und spuckt scharfe Verdauungssäfte in sie hinein. Rasch löst sich das Muschelfleisch auf, das der Seestern nur noch einsaugen muss.

SCHON GEWUSST?

Seesterne mit Stummelarmen

Manche Seesterne haben keine fünf ganzen Arme mehr, sondern tragen kleine Stummelarme. Dann hatte das Tier eine gefährliche Begegnung mit einem räuberischen Vogel, etwa einer Möwe. Um ihr Leben zu retten, opfern Seesterne gern einen Arm. Sie schnüren ihn einfach ab und fliehen eiligst davon. Meist ist der Vogel dann mit seiner Beute zufrieden. Langsam wächst der Arm wieder nach. Aus einem einzigen abgetrennten Arm kann auch wieder ein ganzer Seestern entstehen!

Seeigel

Vor Seeigeln musst du dich nur fürchten, wenn du barfuß zwischen Felsen ins Wasser gehst. Unter Wasser sitzen oft See- und Strandigel in kleinen Grüppchen auf den Felsvorsprüngen und in Spalten und Ritzen.

Die beweglichen Stacheln schützen den Seeigel vor seinen zahlreichen Feinden, denn er steht auf dem Speiseplan vieler Seevögel. Die Stacheln brechen aber leicht ab und bleiben schmerzhaft in der Haut stecken. Herzigel hingegen vergraben sich in den weichen Meeresboden.

Entdeckungstour Seeigel

Beobachte einen Seeigel beim Schnorcheln, in einem Aquarium oder in einem mit frischem Meerwasser gefüllten Eimer. Zwischen den langen Stacheln kannst du die weichen Saugfüßchen erkennen, die oft länger als die Stacheln sind. Mit ihnen bewegt sich der Seeigel langsam auf dem Untergrund vorwärts und transportiert Müll von seinem Körper. Wenn du genau hinschaust, entdeckst du noch etwas: Zwischen den Stacheln befinden sich unzählige kleine Greifer, die wie Mini-Scheren aussehen. Mit ihnen säubert sich der Seeigel.

Lebensraum Felsküste

SCHON GEWUSST?

Die „Laterne des Aristoteles"

Hinter diesem merkwürdigen Namen verbirgt sich der ungewöhnliche Kauapparat des Seeigels. Wenn du ein lebendes Tier auf den Rücken drehst, erkennst du eine runde Öffnung mit fünf weißen, kräftigen Zähnchen. Mit ihnen schabt der Seeigel unermüdlich Tangblätter und Algenbeläge ab oder bohrt Muscheln und Seepocken an. Wenn du ein noch intaktes totes Tier findest, kannst du dir diesen Kauapparat anschauen. Er sieht wie ein weißer Kegel aus und besteht aus vielen harten Teilen, Bändern und Sehnen.

Gehäuse am Strand

Am Strand findest du nur selten einen lebenden Seeigel, dafür umso häufiger ihre leeren Gehäuse. Auf der Unterseite haben sie meist ein großes Loch – dort saß einst die „Laterne des Aristoteles". Bei den meisten Gehäusen fehlen auch die Stacheln. Sie waren auf den kleinen Höckern mit einem Kugelgelenk angebracht. Aus den kleinen Löchern ragten beim lebenden Tier die Saugfüßchen heraus. Noch besser erkennst du den feinen Bau eines Seeigelgehäuses, wenn du es mit einer Taschenlampe von innen beleuchtest.

Der Gemeine Krake

Der Gemeine Krake oder Oktopus hat acht Arme, die mit dicken Saugnäpfen besetzt sind. Weil er seine „Füße" am Kopf trägt, gehört er wie der Kalmar und die Sepia zu den Kopffüßern. Kopffüßer besitzen Linsenaugen so wie wir, mit denen sie gut sehen können.

Räuber auf der Lauer

In einer Felsspalte versteckt oder hinter einem Stein verborgen, lauert der Gemeine Krake auf ein Beutetier. Seine Haut nimmt dann perfekt die Färbung des Untergrundes an, so dass er nicht zu sehen ist. Kommt ihm dann etwa ein ahnungsloser Fisch zu nah, packt er die Beute mit seinen Fangarmen und führt sie zu seinem Mund. Er besitzt wie ein Papagei einen kräftigen Schnabel.

SCHON GEWUSST?

Kraken auf Wanderschaft

Werden Kraken in einem Aquarium gehalten, müssen die Becken immer gut zugedeckt sein. Sonst klettert der Krake an den Wänden empor und verlässt einfach das Becken. Gefangene Kraken können auch über das Deck eines Schiffes laufen, sofern Fischer sie entkommen lassen. Ihnen macht ein kurzer Freiluftspaziergang nichts aus. In der Natur wandert der Krake so von einem Meerestümpel zum anderen, falls er dort bei Ebbe gefangen ist.

Lebensraum Felsküste

Auf einen Blick

Größe: bis zu 1 m lang
Aussehen: Kugelförmiger Körper mit zwei großen Augen und acht Armen, die mit Saugnäpfen besetzt sind
Nahrung: Krebse, Fische, Muscheln
Typisch: passt die Färbung seiner Haut an den Untergrund an

SCHON GEWUSST?

Der Tintenfisch ist kein Fisch!

Trotz seines Namens sind Tintenfische keine Fische. Sie sind mit den Muscheln und Schnecken verwandt. Sie besitzen aber keine äußerlichen Schalen mehr. Vielmehr befindet sich ein Rest dieser Schale in ihrem Körperinnern: Es ist der Schulp, den du häufig am Strand finden kannst. Er enthält viel Kalk und wird daher auch als Vogelnahrung in Zoogeschäften verkauft.

Der Gemeine Krake

Eine Tintenwolke bei Gefahr

Bei Hummern und Katzenhaien sind Kraken und die anderen Tintenfische eine beliebte Beute. Wird der Gemeine Krake von einem Katzenhai angegriffen, so stößt er eine Ladung schwarze Tinte aus seinem Tintenbeutel aus. Sofort breitet sich dichter Nebel aus, in dessen Schutz der Krake entkommen kann. Wie alle Tintenfische pumpt er dabei stoßartig Wasser aus seinen Körpertaschen und eilt wie eine Rakete nach dem Rückstoßprinzip davon.

Sepia und Kalmar

Neben dem Gemeinen Kraken kommen in unseren Meeren noch weitere Tintenfische vor. Kalmar und Sepia besitzen jeweils zehn Fangarme. Die Sepia gräbt sich im lockeren Sand am Meeresgrund ein. So lauert sie den ganzen Tag auf ein Beutetier, das sie mit ihren langen Fangarmen packt. Auch der Kalmar ist ein Räuber. Er kann im Wasser auf der Stelle stehen bleiben und nähert sich seinem Opfer vorsichtig von vorne.

SCHON GEWUSST?

Leckere Tintenfische

Kraken, Sepia und Kalmar werden gern gefischt und von Menschen gegessen. Damit das Fleisch schön weich ist, werden die toten Körper längere Zeit weich geklopft. Die beliebten fritierten Tintenfischringe sind die in Scheiben geschnittenen Körper von Kalmaren.

Meerestrauben am Strand

Manchmal findest du kleine, schwarze Büschel am Strand, die wie Trauben aussehen. Das sind die schwarzen Eikapseln von Sepia und Kalmar. In jeder Kapsel wächst ein kleiner Tintenfisch heran. Sepia und Kalmar befestigen ihr Gelege an Algen- und Tangbüscheln. Kraken hingegen legen ihre unzähligen Eier in kleinen Höhlen und Felsspalten ab.

Lebensraum Watt

Bei Ebbe fallen viele Strandbereiche trocken und können nun leicht besucht werden. Dazu zählen auch die weiten schlickigen und sandigen Wattflächen an unseren Küsten, die zu kleinen Wanderungen einladen. Während der Ebbe ist der Tisch dort für die Meeresvögel reich gedeckt, denn im weichen Boden finden sie leicht Muscheln, Schnecken, Würmer und Krebstiere. Bei Flut verschwindet alles wieder unter Wasser.

Wie ein Watt entsteht

Ein Watt kann sich nur an geschützten flachen Küsten und Flussmündungen bilden. Dort wird mit den Gezeiten feiner Schlick oder Sand angeschwemmt, der auf weiten Flächen einen weichen Boden bildet. Unzählige Rinnsale durchziehen die Wattflächen. Sie vereinigen sich zu Prielen, die breiter und tiefer werden. Wie ein verzweigtes Kanalsystem füllen sich bei Flut zunächst die Priele. Wenn Sie überlaufen, verschwindet nach und nach auch der Wattboden im Wasser.

Bei Ebbe geschieht es genau umgekehrt. Zunächst läuft das Wasser von den weiten Flächen ab, bis schließlich nur noch die Rinnsale, später dann nur noch die Priele mit Wasser gefüllt sind.

SCHON GEWUSST?

Einzigartiger Lebensraum

Das Wattenmeer, das sich an der Nordseeküste entlang erstreckt, ist einzigartig auf der Welt. Nirgendwo auf der Erde gibt es eine so große, zusammenhängende Wattfläche wie dort! Endlich Zeit, diesen einmaligen Lebensraum kennenzulernen!

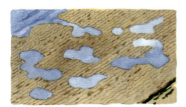

Eine Wattwanderung

Viele Nordseeinseln und die Halligen sind bei Ebbe mit Gummistiefeln zu Fuß zu erreichen. Du läufst zusammen mit deinen Eltern hin und fährst bequem bei Flut mit dem Schiff zurück. Das ist in manchen Küstenorten möglich. Aber auch kleine Wanderungen im Watt sind spannend. Aber Vorsicht: Wanderungen im Watt sind sehr gefährlich, wenn du die sich täglich ändernden Zeiten für Ebbe und Flut nicht beachtest. Wenn die Flut kommt, werden aus den metertiefen Prielen reißende Ströme. Wenn sie voll sind, laufen sie über – dann fließt plötzlich Wasser im hohen Tempo von überall herbei, auch von der Landseite! Schon manch ein Wanderer hat deswegen dort sein Leben gelassen. Gehe niemals allein, sondern nimm am besten an einer organisierten Wattwanderung teil, die von einem geprüften Wattführer geleitet wird!

SCHON GEWUSST?

Bernsteine – versteinertes Baumharz

An der Nord- und Ostsee kannst du am Strand und im Watt die honiggelben Bernsteine finden. Das sind versteinerte Harzklumpen von Nadelbäumen, die vor vielen Millionen Jahren bei uns wuchsen. Die Gletscher verfrachteten die Bernsteine zu den Küsten, wo sie von Wind und Wellen freigelegt werden. Schau dir einen Bernstein genau an: Vielleicht findest du ja eine Wespe, eine Mücke oder ein anderes versteinertes Insekt darin, das einst im Baumharz kleben blieb.

Lebensraum Watt

Auf den Deichen

Zum Land hin verläuft am Watt entlang ein hoher Deich. Er schützt die dahinter liegenden Gebiete vor Sturmfluten und Hochwasser. Auf den Grasflächen weiden Schafe wie ein natürlicher Rasenmäher.

Zwischen den Wattflächen und dem Deich erstrecken sich die Salzwiesen. Auf ihnen wachsen salzliebende Pflanzen, denen es nichts ausmacht, wenn sie hin und wieder vom Meerwasser überflutet werden. Auch dort kannst du viele Vögel wie den Großen Brachvogel, Kampfläufer, Uferschnepfen und Rotschenkel beobachten, besonders im Herbst.

Tiere im Watt

Auf den ersten Blick sieht das Watt bei Ebbe langweilig aus. Öder graubrauner Schlick oder gelbe Sandflächen breiten sich aus, soweit du schauen kannst. Nur ein paar braune Vögel stehen in der Ferne auf dem weichen Boden. Wenn du aber genau hinschaust, entdeckst du auf dem Wattboden unzählige Spuren. Sie stammen von den zahlreichen Bewohnern des Wattbodens, denn darin wimmelt es nur so von Muscheln, Schnecken, Würmern und Krebstieren. Sie sind das ganze Jahr über wichtige Nahrung für die See- und Watvögel.

Lebendiger Wattboden

Nur ihre Spuren verraten dir, dass Tiere im Wattboden leben. Kleine kringelförmige Häufchen, die wie Spaghetti aussehen, hat der Wattwurm hinterlassen. Strahlenförmige Spuren, die wie ein mit einem Finger gezeichneter Stern aussehen, stammen vom Seeringelwurm. Dort hat er rund um seine Wohnhöhle den Boden nach kleinen Kieselalgen abgesucht. Kirschgroße Häufchen aus Sandkrümeln verraten den Salzkäfer, der in fingertiefen Röhren wohnt.

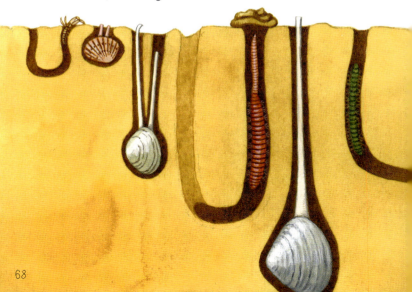

Lebensraum Watt

Tiere im Wattboden entdecken

Dazu brauchst du eine Schaufel. Grabe vorsichtig bei Ebbe damit den Wattboden um und lass dich überraschen, welche Tiere zum Vorschein kommen. Jedes Tier hat seinen Bereich, in dem es wohnt: Ganz oben im Boden findest du Schlickkrebse, Herzmuscheln, Plattmuscheln und Wattschnecken. Pfeffermuscheln, Bäumchenröhrenwürmer, Köcherwürmer und Seeringelwürmer leben etwas tiefer. Am tiefsten leben die Sandklaffmuscheln und Wattwürmer.

Muscheln im Wattboden

Neben den Wattschnecken sind die Muscheln eine wichtige Nahrung für die See- und Watvögel. Auch Strandkrabben, Ringelwürmer, Garnelen und Schollen mögen junge Muscheln. Herzmuscheln, Plattmuscheln, Sandklaffmuscheln und andere Arten graben sich in großen Massen im weichen Untergrund ein. Ihre schnorchelähnlichen Ein- und Ausströmöffnungen ragen aus dem Boden hervor und lassen ständig Wasser durch die Muschel strömen.

Wattschnecke

Was sich hinter grobem Sand verbergen kann

Wenn du am Wattboden etwas für groben Sand hältst, schau genau hin: Meist ist das nämlich kein grober Sand, sondern die nur 2-3 mm großen Gehäuse der kleinen Wattschnecken. Schau sie dir mit der Lupe an. Diese Schnecken kommen zu Tausenden im Wattboden vor. Bei Flut suchen sie nach Nahrung, bei Ebbe graben sie sich in den Boden ein. Dann verraten nur winzig kleine Löcher dicht an dicht oder ein feines Gespinst an Spuren ihre Anwesenheit.

SCHON GEWUSST?

Der Einwanderer aus Amerika

Vor über 30 Jahren brachte ein Schiff die Amerikanischen Schwertmuscheln an unsere Küsten. Sie graben sich senkrecht in den Boden ein. Nach starken Stürmen werden große Mengen lebender Schwertmuscheln an Land gespült und geben ein Festmahl für die Möwen ab. Auch ihre langen, schmalen Schalenhälften findest du.

Muscheln unter deinen Füßen

Wenn du auf einem weichen, schlickigen Wattboden läufst, versinkst du mit deinen Füßen im Boden. Dann kannst du die rundlichen Schalen der Muscheln spüren.

Lebensraum Watt

Vogelzug im Wattenmeer

Das ganze Jahr über ist das Watt ein Schlaraffenland für Vögel. Das wissen auch die Zugvögel, die sich auf ihrem Zug in die afrikanischen Winterquartiere dort so richtig satt fressen. Denn der Wattboden ist für sie der größte Kühlschrank der Welt, von dem sie sich einfach bedienen. Ab Ende September füllt sich das Watt mit Leben: Von überall her treffen Vögel ein. Dann kannst du riesige Vogelschwärme beobachten, die am Himmel dunkle Wolken aus Tierleibern bilden: Schwärme von Alpenstrandläufern oder Knutts bestehen aus mehr als 50.000 Vögeln. Manche Vögel ziehen auch gar nicht mehr weiter, sondern verbringen den Winter im Watt.

Hinter dem Deich

Eine weite Wiesenlandschaft erstreckt sich hinter den Deichen. Dort verbringen Ringel- und Nonnengänse den Winter, die im Sommer in der Arktis brüten. Sie fressen Seegras auf den Wattflächen sowie Kräuter auf den Wiesen. In manchen Gebieten graben Kaninchen tiefe Baue in den Deich. Das sehen die Deichbauer gar nicht gern, denn so beschädigen sie den Deich, der das Land und die Menschen dahinter vor Überflutungen schützen soll.

Der Seehund

Der Seehund

Seehunde gehören zu den größten Tieren im Watt. Diese Robben sind hervorragend an das Leben im Meer angepasst. Unter dem kurzen, dichten Fell besitzen sie eine bis zu 8 cm dicke Speckschicht, die sie vor dem kalten Wasser schützt. Beim Schwimmen legen die Seehunde ihre Hinterbeine wie eine große Flosse eng aneinander, mit den Vorderbeinen steuern sie. Mit ihren großen Augen können sie gut im trüben Nordseewasser sehen.

SCHON GEWUSST?

Hervorragender Taucher

An Land bewegen sich Seehunde sehr unbeholfen. Unter Wasser hingegen sind sie elegante, schnelle und geschickte Schwimmer. Auf langen Strecken schwimmen sie mit einer Geschwindigkeit von 7-8 Stundenkilometer, bei der Jagd erreichen sie spielend sogar Spitzengeschwindigkeiten von bis zu 35 km pro Stunde. Seehunde können bis zu 200 m tief tauchen und bis zu 30 Minuten lang unter Wasser bleiben, bevor sie wieder an der Oberfläche nach frischer Luft schnappen müssen.

Rückenschwimmer

Wenn du in einem Meeresaquarium Seehunde im Wasser beobachtest, fällt dir auf, dass sie die meiste Zeit auf dem Rücken schwimmen. Das machen sie auch in der freien Natur, wenn sie den Meeresboden nach Beutetieren absuchen. Nur so können sie nämlich Plattfische wie Flundern und Schollen oder Muscheln, Krebse und Tintenfische sehen, die sich auf dem Boden aufhalten.

Lebensraum Watt

Auf einen Blick

Größe: 1,7–2 m lang; 60–150 kg schwer
Aussehen: Robbe mit spindelförmigem Körper und kurzen, kräftigen Beinen; Schwimmhäute zwischen Fingern und Zehen
Nahrung: Fische (vor allem Plattfische wie Flundern und Schollen), Tintenfische, Muscheln, Krebse, Garnelen
Typisch: ruht im Sommerhalbjahr auf den Sandbänken im Wattenmeer; verbringt den Winter im Meer; kann bis zu 40 Jahre alt werden

Das Seehundjahr

Die meiste Zeit des Jahres leben die Seehunde weit draußen in der offenen Nordsee. Dort fressen sie sich so richtig satt und legen sich dabei eine dicke Speckschicht zu. Im späten Frühjahr kommen die Seehunde ins Wattenmeer. Dann ruhen sie gern bei Ebbe zu vielen Hundert, manchmal Tausend Tieren auf einer Sandbank. Auf den Sandbänken bringen die Weibchen zwischen Mai und Juli ein einziges Junges zur Welt. Bei der Geburt ist ein Seehundbaby ungefähr 60-120 cm lang und wiegt 8-12 kg. Schon bei der Geburt besitzt es ein glattes, festes Fell und eine dicke Speckschicht. Seehundbabys können auch sofort schwimmen.

SCHON GEWUSST?

Milch wie Mayonnaise

Robbenmilch besteht aus rund 45 % Fett und ist so dick wie Mayonnaise.

Der Seehund

Die Heuler

Wenn die Mutter auf die Jagd geht, lässt sie ihr Junges auf einer ruhigen Sandbank oder einer Insel zurück. Dort wartet das Junge geduldig auf seine Mutter. Doch irgendwann wird ihm das Warten leid und sein Magen fängt an zu knurren. Dann ruft es mit lauten heulenden Rufen nach der Mutter. Solche Babys sind nicht von ihrer Mutter verlassen worden. Bald taucht sie auf und säugt ihr Junges an Land oder auf einer Sandbank. Weil die Robbenmilch so fett ist, wachsen die Seehundbabys rasch heran und wiegen nach drei bis vier Wochen schon bis zu 27 kg.

SCOUT TIPP!

Robben auf den Sandbänken nicht stören

Wenn sich den auf Sandbänken ruhenden Seehunden Ausflugsboote, Wattwanderer oder tief fliegende Düsenjäger nähern, fliehen sie panisch ins Wasser. Dann können die Jungen nicht genügend Milch trinken und sich keine ausreichend dicke Speckschicht anfressen. Nur mit einer solchen überleben sie aber das erste Lebensjahr. Deshalb dürfen Seehunde auf den Sandbänken nicht gestört werden. Halte dich fern von ihnen und betrachte sie aus der Ferne mit dem Fernglas.

Lebensraum Watt

Seehunde beobachten

Manchmal nähern sich Seehunde auch den Badestränden und Ausflugsbooten. Dann kannst du sie von nahem sehen. Oder du besuchst eine Aufzuchtstation für Seehundbabys, die sogenannte „Heulerstation". Dort werden mutterlose Heuler aufgezogen und dann wieder freigelassen, wenn sie groß genug sind.

Das erste Lebensjahr

Die jungen Seehunde werden bis etwa Mitte August von ihren Müttern gesäugt. Dann verlassen die Mütter von einem Tag auf den anderen ihre Jungen, um sich erneut zu paaren. Die jungen Robben müssen nun für sich selbst sorgen. Das kommt für die meisten Jungtiere zu plötzlich: Weil sie unerfahren bei der Jagd sind, erbeuten sie oft zunächst nur wenige Nordseegarnelen. Sie verlieren viel Gewicht und magern ab. Auf der Suche nach Nahrung wandern die jungen Seehunde weit umher und lernen langsam, auch Bodenfische wie Grundeln, Schollen und andere Plattfische zu erbeuten. Viele Jungrobben überleben daher das erste Lebensjahr nicht. Das ist ganz natürlich.

Halte dich von einsamen Robbenbabys fern

Wenn du am Strand oder im Watt ein einsames Robbenbaby findest, nähere dich ihm nicht. Fass es auch niemals an. Das Baby flieht entweder panisch oder aber die Mutter kommt nicht mehr zu ihm zurück, weil sie sich gestört fühlt. Meist findet die Mutter ihr gestrandetes Baby wieder. Du kannst auch zuständige Stellen am Strand oder die Polizei verständigen. Dann kümmern sie sich um das gestrandete Jungtier, falls die Mutter doch nicht kommt.

Watvögel

Watvögel

Wenn sich bei Ebbe das Wasser zurückzieht, landen riesige Scharen von Watvögeln auf den silbern glänzenden Schlickflächen. Für sie beginnt nun das große Fressen. Mit dem Fernglas kannst du beobachten, wie die schwarz-weißen Austernfischer, die rostbraunen Pfuhlschnepfen, die rotbeinigen Rotschenkel, die kleinen Knutts und viele andere im Wattboden nach Nahrung suchen.

SCHON GEWUSST?

Watvögel oder Wattvögel?

Die Gruppe der Watvögel verdankt ihren Namen der Art und Weise, wie sie sich fortbewegen: Sie waten. Biologen nennen sie auch Limikolen.

Zeigt her eure Schnäbel

Für einen Vogel, der keine Hände hat, ist der Schnabel das wichtigste Werkzeug. Mit ihm beschafft er sich Nahrung, baut sich ein Nest und putzt sich das Gefieder. Wenn du die Watvögel beobachtest, fällt dir auf, dass die Schnäbel der verschiedenen Arten unterschiedlich lang sind. Jeder besitzt genau den richtigen Schnabel, um seine Lieblingsnahrung aus dem Wattboden zu erbeuten. Beobachte mit dem Fernglas einmal, wie oft ein Vogel im Boden stochern muss, bis er Beute gefunden hat.

SCHON GEWUSST?

Das sind die Lieblingsspeisen einiger Watvögel:

- Große Brachvogel: Wattwürmer, Seeringelwürmer
- Pfuhlschnepfe: Bäumchen-Röhrenwürmer, Pfeffermuscheln
- Austernfischer: Herzmuscheln
- Rotschenkel und Pfuhlschnepfen: Plattmuscheln
- Knutt: Schlickkrebse

Lebensraum Watt

Vögel im Watt beobachten

Unter die Watvögel mischen sich viele andere Vögel, die auch im weichen Boden nach Nahrung suchen: Möwen und Seeschwalben, Gänse und Enten. Zähle einmal, wie viele verschiedene Arten du im Fernglas erkennen kannst.

SCHON GEWUSST?

Nahrung ohne Ende

Während der Brutzeit im Sommer halten sich im Watt über eine halbe Million Vögel auf. Wenn im September und Oktober Vögel aus dem hohen Norden auf ihrem Weg in den Süden im Watt rasten, suchen über 3,5 Millionen Vögel im Wattboden nach Beutetieren – so nahrungsreich sind die scheinbar öden Wattflächen!

Watvögel

Angespülte Federn

Von Spätsommer bis zum Herbst wechseln nicht nur die Watvögel, sondern auch Enten und Gänse ihr Gefieder. Dann werden sehr viele Federn an den Strand gespült. Du kannst sie sammeln. Versuche mithilfe eines Naturführers über Vogelfedern herauszufinden, von welchem Vogel die gefundenen Federn stammen. Wenn du die Federn einzeln auf Korken steckst und beschriftest, kannst du sie ausstellen.

Austernfischer

„Kliip, kliip, kliip": der Austernfischer

Austernfischer kannst du leicht entdecken: Überall dort, wo sie sich aufhalten, ertönen ihre lauten „kliip, kliip, kliip"-Rufe. Austernfischer lieben Herzmuscheln. Manche Vögel öffnen sie mit einem Schnabelschlag wie mit einem Hammer, andere stoßen ihren Schnabel wie einen Dolch zwischen die Muschelschalen. Austernfischer fressen auch gern Miesmuscheln, knacken die Panzer von Krabben oder bohren im Wattboden nach Würmern. Die Nester der Austernfischer liegen in den Salzwiesen, auf Sandstränden oder in den Dünen. Manche brüten sogar auf Hausdächern.

Der Säbelschnäbler

Mit seinem langen, nach oben gebogenen Schnabel streicht der schwarz-weiße Säbelschnäbler in weiten Bögen durch das flache Wasser oder den feinen Schlick im Watt. Dabei siebt er kleine Krebschen, Würmer und andere Wirbellose heraus.

Lebensraum Watt

Der Große Brachvogel

Trotz seines bräunlichen Gefieders fällt der Große Brachvogel sofort durch seine Größe auf. Sein Körper ist 55 cm lang. Die Schnäbel der Weibchen sind noch länger als die der Männchen.

Die Pfuhlschnepfe

Die Pfuhlschnepfe brütet in der Arktis. Weil dort aber so lange noch Schnee liegt, verbringt sie die meiste Zeit im Watt. Erst Ende Mai zieht sie in den Norden und kommt zwei Monate später schon wieder ins Watt zurück.

Der Rotschenkel

Die flötenden „tüüt"-Rufe des Rotschenkels kannst du oft im Watt hören, denn er gehört zu den häufigsten Brutvögeln im Watt. Wie viele Watvögel baut er kein richtiges Nest, sondern legt seine Eier in eine Mulde im Boden. Rotschenkel sitzen gern auf erhöhten Plätzen wie etwa Holzpfählen.

Der Knutt

Dort, wo sich viele Schlickkrebse im Boden verstecken, bildet der Knutt sehr große, dichte Schwärme. Er ist der einzige Vogel, der auch nachts bei Ebbe auf Nahrungssuche geht.

Der Alpenstrandläufer

Im Herbst ist der Alpenstrandläufer der häufigste Vogel im Watt, denn dann fallen riesige Schwärme wie dichte Wolken an unseren Küsten ein. Die Schwärme scheinen lebende Organismen zu sein, denn tausende von Vögeln ändern immer wieder plötzlich zeitgleich die Flugrichtung – so wie du es vielleicht schon im Film bei einem Fischschwarm gesehen hast.

Der Steinwälzer

Gemächlich und mit etwas wackeligem Gang steckt der Steinwälzer seinen Schnabel in jede Ritze. Hat er eine Strandschnecke oder einen kleinen Krebs wahrgenommen, dreht er Steine, Muschelschalen und Pflanzenteile einfach um. Manche sind sogar schwerer als er selbst. Du kannst ihn nur über den Winter bei uns beobachten, denn im Sommer brütet er in der Arktis.

Steinwälzer

Die Scholle

Die Scholle

Im Wattenmeer leben viele Fische, von denen sich die Seevögel, Krebse und Robben ernähren. Das ganze Jahr über kommen dort zum Beispiel Butterfische, Seeskorpione oder Grundeln vor. Im Sommer leben Flundern und Seequappen im Watt, während Heringe, Seezungen und Schollen ihre Kinderstube dort haben. Die Scholle ist ein wichtiger Fisch für die Fischerei.

SCHON GEWUSST?

Wegen der goldroten Flecken auf ihrem Körper wird die Scholle auch Goldbutt genannt.

Vergraben im Wattboden

Schollen graben sich in den weichen Sand- oder Schlickboden ein. Mit ihren Flossen werfen sie Sand auf ihren Körper, um sich noch besser zu verstecken. Dann schauen nur noch ihre Augen heraus. So lauern sie gut getarnt auf vorbeischwimmende kleine Beutetiere.

Kinderstube im Wattenmeer

Im Winter legt jedes Weibchen 50.000 bis über 600.000 stecknadelkopfgroße Eier, die frei im Wasser schwimmen. Nach zwei bis drei Wochen schlüpfen die kleinen Schollen, die zunächst so aussehen wie normale Fische. Sie fressen Plankton.

SCHON GEWUSST?

Die Verwandlung zum Plattfisch

Nach einigen Monaten geben die Babyschollen das Leben im freien Wasser auf und entwickeln sich am Boden zu Plattfischen: Das linke Auge wandert auf die rechte Körperseite und die jungen Fische legen sich mit ihrer linken Körperseite auf den Meeresboden. Die rechte Körperseite verfärbt sich dunkel, während die linke, auf dem Boden liegende Körperseite hell bleibt.

Lebensraum Watt

Auf einen Blick

Größe: bis 1 m lang
Aussehen: Plattfisch mit goldroten Flecken auf Rücken und Seitenflossen
Nahrung: Borstenwürmer, Muscheln, kleine Krebse
Typisch: graben sich in den Wattboden ein; können bis zu 50 Jahre alt werden

Schollen entdecken

Ältere Schollen halten sich gern in den Prielen im Wattenmeer auf. Dort kannst du sie vielleicht bei einer Wattwanderung sehen. Sie gehören neben der Flunder zu der Hauptnahrung der Seehunde. Die 7-12 cm langen, jungen Schollen hingegen verstecken sich auch bei Ebbe gern im weichen Wattboden. Dann kannst du sie gut in den flachen Wattpfützen beobachten. Versuche einmal eine Scholle vorsichtig mit dem Kescher oder deinen bloßen Händen zu fangen, mit etwas Geschick gelingt es dir. Schaue sie dir kurz an und setze sie dann wieder in die Pfütze zurück. Dem Fisch darf nichts passieren!

SCOUT TIPP!

In unseren Meeren kommen neben den Schollen noch andere Plattfische vor, wie etwa Flundern, Seezungen und Steinbutte. In einem Meeresaquarium kannst du sie beobachten.

Die Sandgarnele

Die Nordsee-Sandgarnele

Kein Urlaub ohne ein „Krabben-Essen". Im Hafen gekauft, vielleicht direkt von einem Krabbenkutter, gehört das Pulen der Nordseegarnelen einfach zu einem Aufenthalt am Meer dazu. Die großen Weibchen werden unter dem Namen „Granat" auf dem Markt verkauft, während die kleineren Männchen meist zu Fischmehl verarbeitet werden.

Leben am Wattboden

Nordsee-Sandgarnelen leben in großen Mengen in den obersten Bodenschichten am flachen Meeresgrund im Watt. Tagsüber ruhen sie sich am Boden aus oder graben sich in ihn ein. Dann schauen nur noch die Augen und die langen Antennen heraus. Nachts werden diese Krebstiere aktiv. Dann wandern sie auf der Suche nach Nahrung umher. Mit der Ebbe werden die Garnelen durch die Priele gern 2-3 km ins offene Meer hinausgetrieben, mit der einlaufenden Flut kehren sie ins Watt zurück.

Garnelen bei Ebbe beobachten

Auf einer Wattwanderung kannst du, mit etwas Glück, einzelne Nordsee-Sandgarnelen in den kleinen Pfützen finden. Wenn sie ruhig am flachen Boden liegen, sind die gut getarnten Krebse kaum zu sehen. Ihre Haut enthält Pigmentzellen, mit deren Hilfe sie die Farbe ihres Körpers dem Untergrund anpassen können. Erst wenn sie blitzartig durch das Einschlagen ihres Schwanzes rückwärts davon schießen, fallen sie auf.

Lebensraum Watt

Auf einen Blick

Größe: 4–8 cm lang
Aussehen: längliche, bräunliche Krebstiere mit langen Antennen und gefächertem Schwanzteil
Nahrung: Kleine Krebse, Algen, Fischlaich und junge Borstenwürmer
Typisch: kann ihre Körperfarbe dem Meeresuntergrund anpassen

Selbst Garnelen fangen

Um Nordsee-Sandgarnelen zu fangen, brauchst du ein Netz mit einem Holzrand. Suche im Sommer eine sandige Stelle am flachen Strand aus. Drücke den Holzrand in den Boden und schabe vorsichtig am Boden entlang. Lauf etwa 40-50 Schritte vorwärts und zieh dann dein Netz hoch. Hast du etwas gefangen?

Die Sandgarnele

Garneleneier

Im Sommer laicht jedes Garnelenweibchen dreimal riesige Mengen an Eiern ab. Bis die kleinen Larven schlüpfen, trägt das Weibchen die winzigen Eier zwischen ihren Beinen am Hinterleib. Weil Garnelen so viele Eier legen, gibt es trotz der Fänge von den Krabbenkuttern noch genügend von ihnen.

Eine Fahrt auf dem Krabbenkutter

An manchen Orten werden Fahrten mit dem Krabbenkutter angeboten. Diesen Ausflug darfst du dir nicht entgehen lassen. Du erlebst, wie die Schleppnetze ausgeworfen und bei langsamer Fahrt über den Meeresgrund gezogen werden. Dann holen die Krabbenfischer die vollen Netze wieder ein. Noch an Bord sortieren sie die gefangenen Garnelen nach der Größe und kochen sie in einem großen Kessel. Weil Möwen auf die Abfälle scharf sind, begleiten sie den Krabbenkutter mit lautem Geschrei.

SCHON GEWUSST?

Rosarote Garnelen

Die bräunlichen Garnelen färben sich erst beim Kochen in rosa-rot um. Nicht nur für uns Menschen, sondern auch für Strandkrabben, Fische und Seevögel sind die Nordsee-Sandgarnelen eine wertvolle Nahrung.

Lebensraum Watt

Der Schlickkrebs

Auf einen Blick

Größe: 0,5–1 cm lang
Aussehen: lang gestreckte, blassgraue, braun gezeichnete Krebstiere mit zwei langen kräftigen Antennen
Nahrung: Kleine Krebse, Algen, Fischlaich und junge Borstenwürmer
Typisch: leben im schlickigen Wattboden

Die kleinen Krebse leben in 4-8 cm tiefen, U-förmigen Röhren im Wattboden, die sie mit einem Schleim auskleiden. Auf einer Fläche von 1 x 1 m befinden sich bis zu 40.000 Tiere! Sie ernähren sich von Kleinstlebewesen und Algen.

Geheimnisvolles Knistern

An einem windstillen Tag kannst du bei Ebbe hören, dass der Wattboden knistert. Diese Geräusche stammen von den Schlickkrebsen. Um ihre Nahrung in die Wohnröhre zu scharren, spreizen sie ihre beiden langen Antennen und ziehen sie wie einen Rechen über den Wattboden. Dabei platzt das zwischen den Antennen ausgespannte dünne Wasserhäutchen und erzeugt das Knistern. Bei dieser Tätigkeit entstehen auch die ungefähr 1 cm breiten Kratzspuren, die sternförmig die Wohnröhre umgeben.

Nachwuchs im Sommer

In den warmen Sommermonaten brüten die Weibchen drei- bis viermal etwa zehn Eier in einer Tasche an ihrer Brust aus. Die frisch geschlüpften Jungtiere bleiben noch eine Weile in der mütterlichen Wohnröhre, bis sie auf sich allein gestellt sind.

Die Miesmuschel

Die meisten Muscheln graben sich in den Meeresboden ein, nicht aber die Miesmuschel. Sie lebt in großen Gruppen auf der Oberfläche von Sand- und Hartböden, auf Pfählen oder Steinen. Im Watt bildet sie dichte Bänke aus Tausenden von Tieren. So verwandelt sie kleine Bereiche im sandigen oder schlickigen Watt in eine kleine Felslandschaft.

So entsteht eine Miesmuschelbank

Das Miesmuschelweibchen stößt bis zu 12 Millionen Eier aus, die im Wasser vom Samen der Männchen befruchtet werden. Aus den Eiern schlüpfen kleine Muschellarven, die zunächst frei umherschwimmen. Bald suchen sie aber eine feste Unterlage zum Festheften, das kann auch eine einzige Muschelschale sein. Um sich daran festzuheften, scheidet die Miesmuschel ein dichtes Gespinst aus Byssusfäden aus. Nach und nach siedeln sich immer mehr Miesmuscheln an der ersten fest. Bald bilden sie eine lange Kette, die zu einem Hügel, später zu einer ganzen Ansiedlung mit unzähligen Miesmuscheln anwächst.

Auf der Wattwanderung

Schau dir unbedingt eine Miesmuschelbank im Watt an. Zähle die Muscheln in einer solchen Ansiedlung: Auf einer Fläche von 1 x 1 m können es locker 2000 sein, die in vielen Stockwerken übereinander siedeln. In der Kolonie kannst du auch viele andere Tiere beobachten. Auf den Miesmuscheln wachsen Seepocken, Polypen, Moostierchen und Algen wie der Blasentang. Dazwischen leben Flohkrebse, Meerasseln, Einsiedlerkrebse, Strandkrabben, Borstenwürmer und vielerlei Schnecken.

Lebensraum Watt

Auf einen Blick

Größe: bis zu 10 cm lang
Aussehen: Muschel mit zwei dunkelbraunen bis blaugrauen Schalenhälften, die innen weiß sind
Nahrung: Kleinste Schwebteilchen, Plankton
Typisch: bildet im Watt große Bänke aus unzähligen Miesmuscheln

Miesmuscheln untersuchen

Versuche einmal eine Miesmuschel vom Untergrund zu lösen. Du wirst erstaunt sein, wie gut die Byssusfäden halten. Am Strand findest du auch viele angespülte Miesmuschelschalen. Die weiße Innenseite der Muschelschale ist mit einer glänzenden Perlmuttschicht überzogen. Betrachte sie mit einer Lupe.

Die Miesmuschel

Typisch Miesmuschel!

Bei Ebbe fallen die Miesmuschelbänke im Wattenmeer trocken. Dann verschließen die Muscheln fest ihre beiden Schalenhälften und warten auf die nächste Flut. Ihnen macht es nichts aus, wenn sie stundenlang im Trockenen sitzen und der sommerlichen Hitze oder strengen Winterfrösten ausgesetzt sind. Kommt die Flut, öffnen sie wieder ihre Ein- und Ausströmöffnung und lassen Wasser durch ihren Körper strömen. Mit ihren Kiemen nehmen sie aus dem Wasser Sauerstoff zum Atmen auf und filtern, wie mit einem Sieb, kleine Schwebstoffe und Algen als Nahrung heraus.

SCHON GEWUSST?

Miesmuscheln auf der Flucht

Werden die Lebensbedingungen schlechter, etwa weil Sand die Kolonie zu bedecken droht, kappen die Miesmuscheln ihre Byssusfäden wie ein Ankerseil und kriechen davon.

Lebensraum Watt

Essbare Miesmuscheln

Eiderenten, Seesterne und ausgewachsene Strandkrabben ernähren sich von Miesmuscheln. Sie sind auch hervorragende Speisemuscheln. Tiere, die in der Nähe von Abwasserleitungen leben, können jedoch mit Giftstoffen belastet und nicht zum Essen geeignet sein. Sammel darum keine Miesmuscheln oder andere Muscheln selbst, sondern kaufe sie lieber in einem Fischgeschäft. Eine Muschelvergiftung ist sehr gefährlich!

> **SCHON GEWUSST?**
>
> **Wichtige Wasserreiniger**
>
> Pro Stunde fließt bis zu drei Liter Wasser durch jede Muschel. Weil sie auch Giftstoffe und Verunreinigungen aus dem Wasser herausfiltern, reinigen Muscheln das Wasser.

> **SCHON GEWUSST?**
>
> Von September bis April kannst du bedenkenlos Muscheln essen. In Monaten ohne „r" – also von Mai bis August – sollte man aber keine Muscheln essen. Dann kommen im Wasser massenhaft kleine Algen vor, die für uns giftig sind. Den Muscheln machen sie nichts aus. Sie filtern die Algen aus dem Wasser heraus, verdauen sie und reichern dabei die Gifte in ihrem Körper an.

Die Miesmuschelzucht

Die Miesmuscheln, die du im Fischgeschäft kaufen oder in einem Restaurant essen kannst, stammen nicht von den Miesmuschelbänken im Watt. Sie werden wie Pflanzen im Garten angebaut und geerntet, allerdings an den Küsten unserer Meere. Dazu werden zunächst lange Seile zwischen Holzpfosten in den Küstengewässern gespannt, an denen sich die jungen Miesmuscheln festheften. Dann werden die Seile mit den jungen Miesmuscheln gelöst und zu den Zuchtbänken transportiert. Dort werden die Seile in Spiralen um Pfähle gewickelt. Nach 18-30 Monaten sind die Muscheln groß genug und werden geerntet.

Der Wattwurm

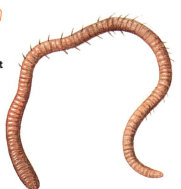

Dort, wo im Watt weite Sand- und Schlickflächen regelmäßig im Takt von Ebbe und Flut trocken fallen, leben die Wattwürmer. Dicht an dicht ist der Wattboden mit Abertausenden von Kotsandhäufchen bedeckt, die wie aufgehäufte Sandspaghetti aussehen.

Typisch Wattwurm!

Der Wattwurm lebt am Grund seiner U-förmigen Wohnröhre, die bis zu 25 cm tief in den Wattboden reicht. Der Eingang befindet sich dort, wo du im Wattboden einen Einsturztrichter siehst, der Ausgang hingegen liegt unter dem kringelförmigen Kotsandhaufen. Mit seiner rüsselförmigen Schnauze frisst der Wattwurm ständig Sand und Schlick. Die kleinsten Nahrungsteilchen darin verdaut er, den unverdaulichen Sand und Schlick scheidet er als „Spaghettihaufen" wieder aus.

Die kleinen trichterförmigen Vertiefungen neben den Kothaufen entstehen, wenn die Würmer den Sand fressen und dadurch der Boden über ihrem Kopfende einstürzt. So erhalten sie ständig frischen Sand.

Vorne und hinten beim Wurm

Versuche einmal einen Wattwurm aus seiner etwa 20 cm tiefen Wohnröhre vorsichtig auszugraben. Er ähnelt einem Regenwurm. Sein Hinterende kannst du am sogenannten „Sandsack" erkennen. Dort speichert der Wurm den durchgekauten Sand, bevor er ihn ausscheidet. Das Maul des Wattwurms befindet sich am dünnen rüsselähnlichen Vorderende des Tieres.

Lebensraum Watt

Auf einen Blick

Größe: 5-25 cm lang
Aussehen: schwarzer oder roter Wurm mit vielen Ringeln und 13 Paar roten Kiemenbüscheln an den Seiten
Nahrung: Kieselalgen, Bakterien, abgestorbene Pflanzen- und Tierpartikel, die an Sandkörnern und Schlick haften
Typisch: hinterlässt kringelförmige Kotsandhäufchen

So entstehen die Sandkringel

Die gefährlichsten Momente im Leben des Wattwurms sind die, wenn er die unverdaulichen Sand- und Schlickreste ausscheiden muss. Dann können ihn leicht feindliche Schollen, Watvögel, Möwen und andere Vögel packen. Alle 40 Minuten schiebt der Wattwurm nämlich sein Hinterende aus dem Ausgang seiner Wohnröhre heraus und eine graue Kotsandschnur schießt wie aus einer Spritzpistole heraus. Mit etwas Glück kannst du das bei einer Wattwanderung beobachten.

Der Wattwurm

Schwimmende Larven

Im Oktober vermehren sich die Wattwürmer. Dann geben die Männchen ihren Samen ins Wasser. Dieser gelangt in die Wohnröhren der Weibchen und befruchtet dort die abgelegten Eier. Bald schlüpfen daraus die kleinen Schwimmlarven, die sich im Wasser als Plankton treiben lassen. Nach einer Weile sinken die Larven zu Boden und beginnen ihr Leben als Bodenbewohner.

Andere Namen

Der Wattwurm heißt auch Pierwurm oder Sandwurm. Früher nannten die Menschen ihn Köderwurm. Sie hängten ihn als Köder an eine Angel, um Seefische zu fangen.

> **SCHON GEWUSST?**
>
> **Die „Regenwürmer" im Watt**
>
> Die Wattwürmer sind die „Regenwürmer" des Wattbodens. Fortlaufend schichten sie ihn um, lockern ihn dabei und sorgen für eine gute Durchlüftung. Jedes Jahr fressen alle Wattwürmer zusammen die obersten 5-7 cm des Wattbodens auf.

Lebensraum Watt

Andere Würmer im Watt entdecken

Während einer Wattwanderung oder wenn du den Wattboden vorsichtig umgräbst, kannst du noch mehr Würmer entdecken.

- **Kotpillenwurm**: Die kleinen, krümelartigen Häufchen auf dem Wattboden stammen vom Kotpillenwurm. Dieser bis zu 18 cm lange Wurm sieht wie ein roter Faden aus, weil er so dünn ist. Du entdeckst ihn beim Graben im sandigen Wattboden.

- **Bäumchenröhrenwurm:** In den fingerhohen Röhren mit der typischen Bäumchenkrone, die besonders häufig nach Sturmfluten aus dem Wattboden ragen, wohnt der Bäumchenröhrenwurm. Diese aus Sandkörnern und zerbrochenen Muschelschalen bestehenden Röhren reichen bis zu 25 cm tief in den Boden hinein. Bei Ebbe hält sich der Wurm am Grund seiner Röhre auf, bei Flut steigt er nach oben, um kleinste Schwebteilchen zu fangen.

Röhre des Bäumchenröhrenwurms

- **Köcherwurm:** Wenn du im Spülsaum einen 7 cm langen, aus feinem Sand gekitteten, auf beiden Seiten offenen Kegel findest, hast du die Wohnröhre eines Köcherwurms gefunden. Der Köcherwurm lebt in dichten Kolonien im Wattboden. Jeder Wurm bewohnt einen Köcher, der aufrecht im Boden steckt und gerade bis zur Bodenoberfläche reicht. Der Kopf des Wurms befindet sich an der unteren Öffnung des Köchers. Dort schaufelt er sich mit seinen Borsten Sand ins Maul.

- **Seeringelwurm:** Der bis zu 10 cm lange Seeringelwurm erinnert an einen Regenwurm. Bei Ebbe versteckt er sich im Boden, bei Flut streckt er die vordere Hälfte aus dem Boden heraus. Dann packt er mit seinen kräftigen Kieferzangen vorbeischwimmende Beutetiere. Hast du ihn aus dem Wattboden herausgegraben, bewegt er sich wie ein Tausendfüßer und verschwindet rasch im Boden.

Glossar – Schwierige Wörter: einfach erklärt!

Aas: Körper von toten Tieren

Algen: einfach gebaute Pflanzen, die im Meer und Süßwasser leben

Altvogel: ausgewachsener Vogel

Art: eine Gruppe von gleichen Tieren oder Pflanzen, die miteinander gesunde fruchtbare Nachkommen haben können

Brutzeit: Zeitraum, in dem Vögel ihre Eier legen, sie ausbrüten und ihre Jungen groß ziehen

Byssusfäden: von Miesmuscheln produzierte Eiweißfäden, mit denen sie sich aneinander oder an Gegenständen festheften

Deich: von Menschen gebauter Schutzwall, der Siedlungen und Landflächen vor den Sturmfluten des Meeres schützen soll

Daunenfedern: flaumige Federn der Vögel

Ebbe: ablaufendes Wasser; bei Niedrigwasser ist der niedrigste Wasserstand während der Ebbe erreicht

Flut: auflaufendes Wasser; bei Hochwasser ist der höchste Wasserstand der Flut erreicht

Flügge: Zeitpunkt in der Entwicklung eines Jungvogels, wenn er fliegen und sich selbst mit Nahrung versorgen kann; er verlässt dann seine Eltern

Gezeiten (Tide): Wechsel von Ebbe (Niedrigwasser) und Flut (Hochwasser)

Gonaden: Geschlechtsorgane des Weibchens, in denen die Eier produziert werden

Häutung: Abstreifen der alten Haut oder des alten Körperpanzers, wenn ein Krebstier oder ein Insekt wächst

Jugendkleid: Gefieder von Jungvögeln, das meist anders gefärbt ist als das der ausgewachsenen Vögel

Kadaver: anderes Wort für Aas, siehe dort

Kiemen: Atmungsorgane von im Wasser lebenden Tieren, mit deren Hilfe Sauerstoff aus dem Wasser entnommen wird

Laich: die von einer durchsichtigen, gallertigen Hülle umgebenen Eier von Fischen, Schnecken und Muscheln, die als Klumpen, Ballen oder auch einzeln ins Wasser abgelegt werden

Larve: Jugendform von vielen wirbellosen Tieren, die meist ganz anders aussieht als die erwachsenen Tiere; im Lauf ihrer Entwicklung wird die Larve größer und ähnelt immer mehr dem erwachsenen Tier; die Larven vieler Meerestiere gehören zum Plankton

Limikolen: anderes Wort für Watvögel, siehe dort

Mauser: Zeit, in der Vögel ihr abgenutztes Gefieder wechseln; die meisten Vögel wechseln einmal im Jahr nach der Brutzeit ihr komplettes Federkleid aus

Moostierchen: kleine Tiere, die zu vielen in einer Kolonie leben; siedeln auf Felsen, Steinen, Treibholz, Muscheln und anderen festen Unterlagen; jedes Einzeltier lebt in einer Kammer und filtriert mit seinem Tentakelkranz kleine Nahrungsteilchen aus dem Wasser

Nesseltiere: Gruppe von Tieren, die Nesselzellen besitzen; dazu gehören zum Beispiel Quallen und Polypen

Plankton: Tiere und Pflanzen, die frei im Wasser schwimmen und sich mit der Strömung treiben lassen; dazu gehören winzig kleine Algen, Tierlarven und Einzeller, aber auch die großen Krillkrebse oder Quallen

Priel: Rinne im Watt, die auch bei Ebbe noch Wasser führt

Polypen: Gruppe unter den Nesseltieren, die auf einem Untergrund festsitzen; dazu gehören zum Beispiel Seenelken und Seerosen

Raspelzunge: Kauapparat der Schnecken, der wie eine Küchenreibe fein gerieffelt ist

Schlick: schlammiger Strandboden

Schulp: kalkiges Innenskelettstück vom Tintenfisch

Schwebteilchen: Kleinste tierische und pflanzliche Lebewesen oder deren Reste, die im Wasser schweben und mit dem bloßen Auge nicht sichtbar sind; Bestandteil des Planktons

Speiballen: Ballen aus unverdaulichen Nahrungsresten (Muschelschalen, Schneckengehäuse, Federn, Gräten, Zähne und andere), die von Möwen, Krähen und anderen Vögeln ausgespieen werden

Spülsaum: Streifen oberhalb der Wasserlinie, in dem die vom Meer angespülten Pflanzen, Tiere, Tierreste und andere Gegenstände

liegen bleiben

Sturmflut: extrem hoher Wasserstand bei starkem Westwind

Tang: große Meeresalgen, die meist schnell wachsen

Tentakel: Fangarme verschiedener Tiere, mit deren Hilfe sie kleinste Schwebteilchen und Plankton aus dem Wasser sieben

Tide: anderes Wort für Gezeiten, siehe dort

Tidenhub: Unterschied zwischen dem höchsten Wasserstand bei Flut und dem niedrigsten Wasserstand bei Ebbe

Watt: wird auch Wattenmeer genannt; riesiger Flachwasserbereich entlang der Nordseeküste, der bei Ebbe trocken fällt

Watvögel: Gruppe von Vögeln, die am Meeresstrand waten und Muscheln, Würmer, Krebse und andere Nahrung aus dem Watt- und Sandboden holen

Weichtiere: Tiergruppe, zu der die Muscheln, Schnecken und Tintenfische gehören

Wirbellose: alle Tiere, die keine Wirbel besitzen; dazu gehören beispielsweise Würmer, Schnecken und Muscheln, Krebse, Spinnen und Insekten

Wirbeltiere: alle Tiere, die eine aus einzelnen Wirbeln bestehende Wirbelsäule besitzen; dazu zählen alle Fische, Lurche, Kriechtiere, Vögel und Säugetiere

SCHON GEWUSST?

Algen und Tange

Im Meer leben nicht nur Tiere, sondern auch zahlreiche rötliche, bräunliche und grünliche Algen und Tange. Manche sind fein verzweigt, fadenförmig oder blasenförmig verdickt, andere sehen wie hauchdünne Salatblätter aus. Bei heftigen Stürmen oder starkem Wellengang werden sie losgerissen und an Land gespült. Zwischen den Algen und Tangen leben viele Tiere.

Pflanzen am Strand

Am Strand wachsen keine Gänseblümchen und kein Löwenzahn. Im lockeren, salzhaltigen Sand können nur solche Pflanzen gedeihen, die sich an diesen Lebensraum angepasst haben. Gräser wie Strandhafer und Sandsegge halten mit ihrem dicht verzweigten Wurzelwerk den losen Sand fest und verhindern, dass er davongeweht wird. Auch blühende Pflanzen gibt es am Strand: Die Strandkamille blüht weiß-gelb, die Strandnelke rosa, Strandflieder und Meersenf in zarten Violetttönen.

Ab nach draußen!

Mit den spannenden Nature Scout Büchern in den praktischen Outdoor-Schutzhüllen wirst du zum richtigen Naturforscher!

Martina Gorgas
**Nature Scout:
Orientierung in der Natur**
€ 7,95 (D), € 8,20 (A)

ISBN 978-3-89777-348-6

Bärbel Oftring
**Nature Scout:
Unser Sternenhimmel**
€ 7,95 (D), € 8,20 (A)

ISBN 978-3-89777-424-7

Geländekompass
€ 5,95*

Artikel-Nr.: 9619

Sommer-Abenteuerlupe
€ 3,95*

Artikel-Nr.: 9650

Trinkflasche
€ 5,95*

Artikel-Nr.: 9621

*unverbindliche Preisempfehlung